Basiswissen Psychologie

Herausgegeben von
J. Kriz, Osnabrück

Die Lehrbuchreihe im VS Verlag: Das Basiswissen ist konzipiert für Studierende und Lehrende der Psychologie und angrenzender Disziplinen, die Wesentliches in kompakter, übersichtlicher Form erfassen wollen.

Eine ideale Vorbereitung für Vorlesungen, Seminare und Prüfungen: Die Bücher bieten Studierenden in aller Kürze einen fundierten Überblick über die wichtigsten Ansätze und Fakten. Sie wecken so Lust am Weiterdenken und Weiterlesen.

Neue Freiräume in der Lehre: Das Basiswissen bietet eine flexible Arbeitsgrundlage. Damit wird Raum geschaffen für individuelle Vertiefungen, Diskussion aktueller Forschung und Praxistransfer.

Herausgegeben von
Prof. Dr. Jürgen Kriz
Universität Osnabrück

Wissenschaftlicher Beirat:

Prof. Dr. Markus Bühner
Ludwig-Maximilians-Universität
München

Prof. Dr. Jochen Müsseler
Rheinisch-Westfälische
Technische Hochschule Aachen

Prof. Dr. Thomas Goschke
Technische Universität Dresden

Prof. Dr. Astrid Schütz
Otto-Friedrich-Universität Bamberg

Prof. Dr. Arnold Lohaus
Universität Bielefeld

Walter Herzog

Wissenschafts-theoretische Grundlagen der Psychologie

Walter Herzog
Universität Bern, Schweiz

ISBN 978-3-531-17213-2   ISBN 978-3-531-93141-8 (eBook)
DOI 10.1007/978-3-531-93141-8

Die Deutsche Nationalbibliothek verzeichnet diese Publikation in der Deutschen Nationalbibliografie; detaillierte bibliografische Daten sind im Internet über http://dnb.d-nb.de abrufbar.

Springer VS
© VS Verlag für Sozialwissenschaften | Springer Fachmedien Wiesbaden 2012
Das Werk einschließlich aller seiner Teile ist urheberrechtlich geschützt. Jede Verwertung, die nicht ausdrücklich vom Urheberrechtsgesetz zugelassen ist, bedarf der vorherigen Zustimmung des Verlags. Das gilt insbesondere für Vervielfältigungen, Bearbeitungen, Übersetzungen, Mikroverfilmungen und die Einspeicherung und Verarbeitung in elektronischen Systemen.

Die Wiedergabe von Gebrauchsnamen, Handelsnamen, Warenbezeichnungen usw. in diesem Werk berechtigt auch ohne besondere Kennzeichnung nicht zu der Annahme, dass solche Namen im Sinne der Warenzeichen- und Markenschutz-Gesetzgebung als frei zu betrachten wären und daher von jedermann benutzt werden dürften.

Einbandentwurf: KünkelLopka GmbH, Heidelberg

Gedruckt auf säurefreiem und chlorfrei gebleichtem Papier

Springer VS ist eine Marke von Springer DE.
Springer DE ist Teil der Fachverlagsgruppe Springer Science+Business Media
www.springer-vs.de

Inhalt

Vorwort 9

1 Psychologie als Wissenschaft 11
1.1 Eine kurze Darstellung der Alltagspsychologie 12
1.2 Ist Wissenschaft verfeinerter Alltagsverstand? 13
1.3 Begründung der Psychologie als Wissenschaft 16
    1.3.1 Ein Blick in die Geschichte der Psychologie 16
    1.3.2 Wie beginnen mit der Psychologie? 18
    1.3.3 Von der Seele zu den psychischen Erscheinungen 20

2 Wissenschaftstheorie und Logik 25
2.1 Was heißt Wissenschaftstheorie? 25
    2.1.1 Analytische Philosophie 26
    2.1.2 Analytische Wissenschaftstheorie 27
2.2 Logik 28
    2.2.1 Begriffe 29
    2.2.2 Aussagen 31
    2.2.3 Schlüsse 32
2.3 Theorien und theoretische Begriffe 36

3 Wissen und Wahrheit 41
3.1 Erkenntnistheorie 42
3.2 Wissen 43
3.3 Wahrheit 45
    3.3.1 Zitattilgungstheorie der Wahrheit 46
    3.3.2 Korrespondenztheorie der Wahrheit 47
    3.3.3 Epistemische Wahrheitstheorien 48
    3.3.4 Zwei Grenztheorien und eine Nicht-Theorie 49
    3.3.5 Wahrheit nach Menschenmaß 51

4 Vom Logischen Empirismus zum Kritischen Rationalismus ... 55
4.1 Logischer Empirismus ... 56
    4.1.1 Vom Phänomenalismus zum Physikalismus ... 57
    4.1.2 Kritik am Logischen Empirismus ... 60
4.2 Der Logische Empirismus und die Psychologie ... 61
4.3 Kritischer Rationalismus ... 64
    4.3.1 Wissenschaft als Tätigkeit ... 64
    4.3.2 Konventionalismus ... 66

5 Postempiristische Wissenschaftstheorie ... 69
5.1 Das Wissenschaftsverständnis von Thomas Kuhn ... 70
    5.1.1 Tradition und Revolution in der Wissenschaft ... 71
    5.1.2 Konstruktivismus ... 72
    5.1.3 Kontinuität durch Kommunikation ... 73
5.2 Vertiefungen zum Konzept des Paradigmas ... 74
    5.2.1 Ideale der Naturordnung ... 74
    5.2.2 Apriorische Voraussetzungen der Wissenschaft ... 75
5.3 Die Wissenschaft und das Experiment ... 76
    5.3.1 Dewey und die Zuschauertheorie der Erkenntnis ... 77
    5.3.2 Hacking und die Kontaktnahme mit der Wirklichkeit ... 78
5.4 Argumentative Vernunft ... 79

6 Metaphern und Modelle ... 83
6.1 Modelle in der Psychologie ... 84
    6.1.1 Modelle als Metaphern ... 84
    6.1.2 Die Wahrnehmungspsychologie als Beispiel ... 86
    6.1.3 Die Logik des Als-ob ... 90
6.2 Präferenz für das Maschinenmodell ... 91

7 Gesetze und Erklärungen ... 95
7.1 Keine Erklärung ohne Beschreibung ... 96
7.2 Das Hempel-Oppenheim-Schema ... 99
7.3 Nomologische Erklärungen ... 100
    7.3.1 Konditionalismus vs. Kausalismus ... 100
    7.3.2 Deterministische vs. statistische Gesetze ... 102
7.4 Dispositionelle Erklärungen ... 102

Inhalt

7.5	Teleologische Erklärungen	103
	7.5.1 Intentionale Erklärungen	104
	7.5.2 Funktionale Erklärungen	105
7.6	Kausalität	106
	7.6.1 Der lange Schatten von David Hume	107
	7.6.2 Interventionistisches Kausalverständnis	108
	7.6.3 Mechanismen der Kausalität?	109

8 Die Wirklichkeit des Psychischen ... 111
8.1 Das Psychische als anschauliche Wirklichkeit ... 112
    8.1.1 Psychische Kausalität ... 112
    8.1.2 Das psychophysische Niveau ... 113
    8.1.3 Psychisches als Epiphänomen ... 113
8.2 Der Materialismus als Ontologie der Wissenschaft ... 114
    8.2.1 Das Körper-Geist-Problem ... 115
    8.2.2 Ontologische Verpflichtung ... 118
8.3 Die fiktionale Realität des Psychischen ... 119
    8.3.1 Hypothetische Konstrukte ... 119
    8.3.2 Nützliche Fiktionen? ... 121
8.4 Das Erklärungspotential der Psychologie ... 123

9 Strategien der Begriffsbildung ... 125
9.1 Die physikalische Strategie ... 126
9.2 Die funktionale Strategie ... 128
    9.2.1 Zwei Wege der Naturwissenschaft ... 128
    9.2.2 Das demiurgische Prinzip ... 129
9.3 Die Alltagspsychologie als Alternative? ... 130
    9.3.1 Eine Bestätigung der Alltagspsychologie ... 130
    9.3.2 Die Alltagspsychologie als Modell ... 131
    9.3.3 Friedliche Koexistenz? ... 133
9.4 Die intentionale Strategie ... 134
9.5 Welche Strategie ist die richtige? ... 136

Literaturverzeichnis ... 139

Stichwortverzeichnis ... 147

Vorwort

In die wissenschaftstheoretischen Grundlagen der Psychologie einzuführen ist einerseits eine reizvolle Aufgabe, stellt andererseits aber auch eine große Herausforderung dar. Denn die Wissenschaftstheorie, wie sie als Teildisziplin der Philosophie betrieben wird, befasst sich selten mit der Psychologie. Von Anfang an war es hauptsächlich die Physik, an der die Wissenschaftstheoretiker ihre Grundkonzepte entwickelt und ihre Meinungsverschiedenheiten ausgetragen haben. In jüngster Zeit ist zwar eine größere Aufmerksamkeit für die Biologie zu bemerken, aber andere Disziplinen stehen kaum je im Fokus wissenschaftstheoretischer Betrachtungen. Das hat für die Psychologie die unliebsame Konsequenz, dass nicht immer klar ist, wie weit wissenschaftstheoretische Konzepte für die Physik oder die Biologie spezifisch sind, und ob es überhaupt angemessen ist, sie auf die eigene Disziplin zu übertragen. Oder aber die Psychologie verschreibt sich ungewollt der Programmatik einer Einheitswissenschaft, die für jede Disziplin die Erfüllung der gleichen Kriterien einfordert.

Um dieser doppelten Gefahr zu entgehen, habe ich mich bei der Darstellung der wissenschaftstheoretischen Grundlagen der Psychologie von zwei Grundsätzen leiten lassen. Erstens wollte ich keine Einführung in die Wissenschaftstheorie schreiben, bei der die Psychologie nur nebenbei Thema wäre, sondern habe mich entschieden, die wissenschaftstheoretischen Grundlagen im direkten Kontakt mit der Psychologie zu behandeln. Dies schien mir zweitens am besten dadurch realisierbar zu sein, dass ich der Psychologie in möglichst großer Breite Präsenz gebe. Damit meine ich, dass nicht nur aktuelle, sondern auch historische Positionen psychologischer Wissenschaft beigezogen werden. Dahinter steht auch der Gedanke, dass wir dann besonders nachhaltig lernen, wenn uns die Schwächen eines Ansatzes bewusst werden und wir erkennen, weshalb er an Bedeutung verloren hat. Ich bin immer wieder erstaunt, wie desinteressiert sich die Psychologie an ihrer Geschichte zeigt und wie wenig sie die Möglichkeiten nutzt, die ihre reichhaltige Vergangenheit für die wissenschaftstheoretische Selbstverständigung bietet.

Die Darstellungsform mag für ein Lehrbuch ungewohnt sein, doch erlaubt sie, der erwähnten Herausforderung gerecht zu werden und die wissenschaftstheoretischen Konzepte nicht als spröde Fachinhalte zu vermitteln, sondern in ihrer Bedeutung für die Psychologie herauszuarbeiten. Nur so, scheint mir, kann die Auseinandersetzung mit dem Wissenschaftscharakter der Psychologie Gewinn bringen. Aufgrund des didaktischen Ansatzes finden sich bei wichtigen Autoren knappe biografische Hinweise (Geburts- und Todesjahr), damit sie besser in den historischen Kontext eingeordnet werden können.

Das Buch will über wissenschaftstheoretische Grundlagen der Psychologie informieren und nicht eine wissenschaftstheoretische Position vertreten. Das heißt allerdings nicht, dass ich darauf verzichte, Stellung zu beziehen und meinen Standpunkt zu verdeutlichen. Der Leser soll aber immer erkennen können, wann es um gängiges Wissen geht und wann es sich um meine persönliche Einschätzung handelt.[1]

Bern, im August 2011
Walter Herzog

---

[1] Ich gebrauche hier und im Folgenden das generische Maskulinum, möchte aber ausdrücklich betonen, dass weibliche Personen immer mit gemeint sind.

1 Psychologie als Wissenschaft

Wovon die Psychologie handelt, braucht nicht lange erklärt zu werden. Zumindest scheint es so. Denn alle haben wir eine Vorstellung davon, was unter Psychologie zu verstehen ist. Fragen nach dem Motiv einer Handlung, den Ursachen eines Fehlverhaltens oder den Gründen für eine wechselhafte Stimmung stellen sich nicht nur Personen, die sich wissenschaftlich mit Psychologie befassen, sondern auch dem Alltagsmenschen, der sich Gedanken über sich und andere macht. Nach einer treffenden Formulierung von Ebbinghaus (1908) hat die Psychologie zwar nur eine kurze Geschichte, aber eine lange Vergangenheit. Bei der langen Vergangenheit dachte er an Aristoteles, der vor gut zweitausend Jahren erstmals versucht hatte, das psychologische Wissen systematisch darzustellen. Bei der kurzen Geschichte hatte er Wundt vor Augen, der Ende des 19. Jahrhunderts die Psychologie als akademische Wissenschaft begründete.

Die Vergangenheit der Psychologie lässt sich aber weiter, bis in die Anfänge der Menschheit zurückführen. Denn es scheint, dass die Menschen schon früh über Kompetenzen verfügten, die wir als psychologisch bezeichnen. Von Beginn an scheinen unsere Vorfahren fähig gewesen zu sein, die Absichten und Motive anderer zu erkennen, sich in deren Situation zu versetzen und ihr Verhalten gegenseitig aufeinander abzustimmen (Corballis & Lea, 2000). Nur so lässt sich erklären, dass der weitere Verlauf der Evolution des Menschen wesentlich auf einer kommunikativen Basis erfolgt ist. Es scheint daher plausibel anzunehmen, dass die wissenschaftliche Psychologie in einer *Alltagspsychologie* wurzelt, die weit in die Geschichte der Menschheit zurückreicht.

Aber was genau ist diese Alltagspsychologie? Und inwiefern unterscheidet sie sich von der wissenschaftlichen Psychologie? Diesen Fragen wollen wir in diesem Kapitel nachgehen. Wir geben zunächst eine kurze Darstellung der Alltagspsychologie und benennen die Mängel, die sie gegenüber der wissenschaftlichen Psychologie aufweist (1.1). Danach bestreiten wir, dass die wissenschaftliche Psychologie aus einer Verfeinerung der Alltagspsychologie hervorgegangen ist (1.2). An einem historischen und einem systematischen Beispiel zeigen wir, wie die Psychologie faktisch als Wissenschaft begründet wurde (1.3).

1.1 Eine kurze Darstellung der Alltagspsychologie

Dass Menschen in ihrem täglichen Leben fähig sind, psychische Phänomene richtig einzuschätzen, ohne dass sie sich zuvor Erkenntnisse der wissenschaftlichen Psychologie angeeignet haben, lässt sich kaum bestreiten. Wir erkennen die Absichten anderer Menschen, erschließen deren Temperament und Charakter, vermögen ihre Begabungen und Interessen zu beurteilen und sind fähig, ihr Verhalten mit einiger Zuverlässigkeit vorherzusagen. Gemäß Heider (1977) haben „gewöhnliche Personen [...] ein weitgehendes Verständnis ihrer selbst und anderer Personen, das [...] ihnen die Möglichkeit gibt, mit anderen mehr oder weniger angepasst zu interagieren" (S. 11). Geary (2005), der die evolutionäre Verankerung der Alltagspsychologie herausstreicht, definiert diese „as the affective, cognitive, psychological, and behavioral systems that are common to all people and enable them to negotiate social interactions and relationships" (S. 497).

Ein zentrales Merkmal der Alltagspsychologie liegt in ihrer Ausrichtung an *Personen* und *Handlungen*. Menschen werden als Personen verstanden, deren Handeln durch Absichten orientiert wird. Eine Absicht bringt Ordnung in die Vielfalt von Handlungsbedingungen und Handlungsfolgen, indem sie diese auf ein Endergebnis ausrichtet. Gemäß Heider (1977) werden Handlungen durch eine Verbindung von *Versuchen* und *Können* – als den beiden notwendigen und hinreichenden Bedingungen einer Handlung – erklärt (S. 133 ff.). Auch für Laucken (1974) bilden in der Alltagspsychologie – die von ihm *naive Verhaltenstheorie* genannt wird – Personen und ihr Handeln die Einheit psychologischer Erklärungen. Eine Handlung gilt dann als erklärt, „wenn plausibel gemacht werden kann, dass zum einen die handelnde Person ein bestimmtes Ziel verfolgt und dass sie zum anderen die zu erklärende Handlung konzipiert hat, um dieses Ziel zu erreichen" (S. 68).

In neueren Darstellungen der Alltagspsychologie werden die beiden erklärenden Momente für eine Handlung zumeist *Wunsch* und *Überzeugung* genannt. Demnach wird menschliches Handeln dadurch erklärt, dass wir einer Person unterstellen, dass sie etwas will oder wünscht, und dass sie weiß oder glaubt zu wissen, wie sie das Gewünschte erreichen kann. Um ein fiktionales Beispiel zu geben: Asterix trinkt den Zaubertrank, weil er den Wunsch hat, seine Körperkräfte zu steigern, und weil er der Überzeugung ist, das Trinken des Zaubertranks sei das geeignete Mittel dazu. Die Alltagspsychologie ist eine *belief-desire psychology*, wie es im Englischen zumeist heißt (Ratcliffe, 2007, S. 3 ff.).

1.2 Ist Wissenschaft verfeinerter Alltagsverstand?

In welcher Beziehung steht die Alltagspsychologie zur wissenschaftlichen Psychologie? Bei der Beantwortung dieser Frage lassen sich verschiedene Positionen ausmachen. Auf der einen Seite steht die Ansicht, wonach die Übereinstimmungen zwischen Alltagspsychologie und wissenschaftlicher Psychologie groß und die Differenzen klein sind. Auf der anderen Seite findet sich die gegenteilige Auffassung, wonach die Differenzen groß und die Übereinstimmungen klein sind.

Die erste Gruppe nimmt an, dass zwischen Alltag und Wissenschaft ein Kontinuum besteht, Wissenschaft demnach *generell* nichts anderes als verfeinerter Alltagsverstand ist. So schreibt Oppenheimer (1987): „Alle Wissenschaften entstehen aus gesundem Menschenverstand, aus Wissbegierde, Beobachtung und Überlegung. Man beginnt damit, dass man seine Beobachtungen und seine Worte verfeinert und die Dinge über die Abläufe des alltäglichen Lebens hinaus erforscht und weitertreibt" (S. 155). Weit knapper bringt Quine (1963) dieselbe Ansicht auf den Punkt: „Science is a continuation of common sense" (S. 45). Besonders dezidiert war Popper der Meinung, Wissenschaft sei nichts anderes als aufgeklärter Alltagsverstand. In der wissenschaftlichen Erkenntnis sah er „bloß eine Weiterentwicklung der alltäglichen Erkenntnis" (Popper, 1989, S. XVIII).

Auch in der Psychologie findet sich diese Ansicht, so beispielsweise bei Wegner und Vallacher (1977): „Psychological theory and research is an extension of concerns held by the average individual. [...] In other words, everyone has the beginnings of a psychological theory" (S. 298 f.). Noch deutlicher sind die beiden Sozialpsychologen, wenn sie davon ausgehen, „that an individual's understanding of reality is similar to a scientist's theory, and that his or her understanding of social reality is like an implicit psychological theory" (S. VIII). Aufhorchen lässt der Begriff der *impliziten Theorie*, wie er sich auch bei Epstein findet. Epstein (1979) geht nicht nur davon aus, dass jeder Mensch willentlich oder unwillentlich „seine Theorie von der Wirklichkeit" (S. 15) konstruiert, sondern nimmt zudem an, „dass Menschen in der Bewältigung ihres Alltags wie Wissenschaftler tätig sind, indem sie unablässig [!] Hypothesen formulieren und überprüfen, wenngleich nicht notwendigerweise auf einem bewussten Niveau" (S. 42).

Das ist eine abenteuerliche These. Wer kennt schon solche Menschen? Und wie soll man sich vorstellen, wie das *unablässige* Entwerfen und Überprüfen von Hypothesen auf einem *unbewussten* Niveau vor sich geht? In der Wissenschaft gibt es keine unbewussten oder unwillentlichen Theorien. Das schließt nicht aus, dass wissenschaftliche Theorien auf Vorannahmen beruhen, die unausgesprochen bleiben oder nicht explizit ausgewiesen werden (vgl. Kapitel 5.2.2), aber eine wissenschaftliche Theorie ist dem Anspruch nach ein systematisch erarbeitetes, explizit formuliertes und logisch geordnetes Begriffssystem, das nicht nur definitorisch, sondern auch empirisch strengen Kriterien genügt (vgl. Kapitel 2.3). Der Begriff einer impliziten Theorie ist daher eigenartig und eignet sich eher dazu, die Probleme des behaupteten Kontinuums zwischen Alltag und Wissenschaft zu kaschieren als zu lösen. Wie soll unser Alltagswissen ohne unser bewusstes Zutun die anspruchsvolle Form einer wissenschaftlichen Theorie erlangen?

Die Theorieförmigkeit der Alltagspsychologie ist daher infrage zu stellen. Bereits Heider (1977) hat darauf hingewiesen, dass alltagspsychologische Urteile oft aufgrund von Schemata zustande kommen, die im konkreten Fall nicht überprüft werden. Wenn das alltagspsychologische Wissen theoretischer Art wäre, müsste es sich empirisch testen lassen. Dies scheint aber nicht der Fall zu sein. Laucken (1974) ist gar der Ansicht, „dass bereits von der Art der empirischen Verankerung der naiven Verhaltenstheorie her, diese sich als nicht verbindlich prüfbar und somit als *prinzipiell unwiderlegbar* erweist" (S. 207 – Hervorhebung W. H.). Das ist ein starkes Argument gegen die Theorieförmigkeit der Alltagspsychologie, denn ein wesentliches Kriterium einer wissenschaftlichen Theorie ist nicht nur deren systematische Struktur, sondern auch die empirische Prüfbarkeit ihrer Aussagen.

Unser Interesse an der Alltagswelt ist nicht theoretischer, sondern praktischer Natur. Schütz (1971) spricht von einem „pragmatischen Motiv, das unsere natürliche Einstellung gegenüber der Welt des alltäglichen Lebens bestimmt" (S. 270). Das heißt für das alltägliche Wissen, dass es vorwiegend im Dienste der Bewältigung praktischer Aufgaben steht, wozu auch der Umgang mit anderen Menschen gehört. Das Alltagswissen ist ein *Kochbuchwissen*, wie Schütz (1972, S. 33) an anderer Stelle sagt. „Das Kochbuch hat Rezepte, Listen von Zutaten, Mischungsformeln und Anweisungen für die Zubereitung. Das ist alles, was wir brauchen, um einen Apfelkuchen zu machen, und auch alles was wir brauchen, um mit den Routineangelegenheiten des täglichen Lebens zurechtzukommen". Wir brauchen keine *Theorie*, um im Alltag zu bestehen. Was wir brauchen, ist auch nicht eigentlich ein Wissen, sondern ein *Können*.

Wenn wir trotzdem von Wissen sprechen wollen, dann sollten wir zwischen alltäglichem und wissenschaftlichem Wissen klar unterscheiden. Unser Alltagswissen ist nicht nur von praktischer Bedeutung, sondern wird auch im praktischen Umgang mit Menschen und Dingen erworben. Was nichts anderes heißt, als dass seine Aufnahme ins Gedächtnis nicht systematisch, sondern situativ erfolgt. Wir erwerben unser Alltagswissen gleichsam naturwüchsig, indem wir Schritt um Schritt Neues dazulernen und in unser Gedächtnis aufnehmen. Insofern ist unser Alltagswissen nach Ähnlichkeiten und nicht nach logischen Kriterien geordnet. Wir erinnern uns an einen Fall, der dem Fall ähnlich ist, der uns aktuell beschäftigt, wobei die Kriterien der Ähnlichkeit ganz unterschiedlich sein können. Wittgenstein (2006b, S. 278) hat für eine solche nicht-logische Ordnungsform den Begriff der *Familienähnlichkeit* geprägt. Wie die Mitglieder einer Familie einander ähnlich sind, aber auf ganz verschiedene Weise – einmal in der Augenfarbe oder in der Form der Nase, ein andermal in den Gesichtszügen oder in der Körpergröße etc. –, so ist unser alltägliches Wissen geordnet – nicht systematisch, sondern entsprechend den Umständen, unter denen wir es erworben haben.

Jerome Bruner (*1915) hat verschiedentlich auf zwei Denkstile hingewiesen, die mit der hier getroffenen Unterscheidung zwischen alltäglichem und wissenschaftlichem Wissen übereinstimmen. Es gibt die Form des logisch-mathematischen Denkens, den *paradigmatischen* (theoretischen) Denkstil, wie er in den Wissenschaften vorherrscht. Und es gibt die Form des sprachlichen Denkens, den *narrativen* (erzählenden) Denkstil, wie er in Kunst, Literatur und Phantasie vorherrscht (Bruner, 1986, S. 11 ff., 1990, S. 33 ff.). Bruner (1986) charakterisiert die beiden Denkstile wie folgt: „The imaginative application of the paradigmatic mode leads to good theory, tight analysis, logical proof, sound argument, and empirical discovery guided by reasoned hypothesis. [...] The imaginative application of the narrative mode leads instead to good stories, gripping drama, believable (though not necessarily ‚true') historical accounts. It deals in human or human-like intention and action and the vicissitudes and consequences that mark their course" (ebd., S. 13). Ausdrücklich verweist Bruner (1990, S. 42 f.) auf die Nähe des narrativen Denkstils zur Alltagspsychologie, deren organisierendes Prinzip nicht die Logik, sondern die Erzählung sei. Damit bestätigt er, dass Alltagspsychologie und wissenschaftliche Psychologie zwei verschiedene Wissensformen verkörpern. Nicht nur ist die Alltagspsychologie keine Theorie, sie wird es auch nie sein, und wir sollten auch nicht bedauern, dass dem so ist (Wilkes, 1991, S. 25).

Auch wenn wir uns mit der Frage, welche Kriterien eine Wissenschaft kennzeichnen, noch nicht befasst haben, können wir doch festhalten, dass der Alltagspsychologie mindestens drei Mängel anhaften, die alle mit ihrem fehlenden Theoriestatus zu tun haben. *Erstens* sind die Begriffe der Alltagspsychologie oft ungenau und inkonsistent, was empirisch schwer überprüfbare Aussagen zur Folge hat. *Zweitens* sind alltagspsychologische Erklärungen zumeist unvollständig, da mit der Angabe von Wünschen und Überzeugungen die Bedingungsfaktoren menschlichen Verhaltens unzureichend erfasst werden. *Drittens* ist das psychologische Alltagswissen vorwiegend in lebensweltlichen Erfahrungen verankert, womit eine systematische Überprüfung alltagspsychologischer Erkenntnisse fehlt.

1.3 Begründung der Psychologie als Wissenschaft

Noch wissen wir kaum etwas über die wissenschaftliche Psychologie. Zudem beschränkt sich unsere Kritik an der Alltagspsychologie auf gewisse *formale* Mängel. Die Diskontinuität im Formalen schließt aber nicht aus, dass es in *inhaltlicher* Hinsicht sehr wohl eine Kontinuität geben könnte. Haben Alltagspsychologie und wissenschaftliche Psychologie nicht wenigstens denselben *Gegenstand*? Um die Frage zu beantworten, gehen wir zwei Wege: einen historischen und einen systematischen.

1.3.1 Ein Blick in die Geschichte der Psychologie

Als akademische Disziplin ist die Psychologie aus der Philosophie hervorgegangen. Dies erklärt, weshalb die Fragestellungen der Psychologen der ersten Generation wenig Alltagsnähe und eine starke philosophische Prägung aufweisen. Wilhelm Wundt (1832–1920), mit einem Doktorat in Medizin und einer Habilitation in Physiologie, der als der eigentliche Begründer der modernen Psychologie gilt (Pongratz, 1967, S. 99 ff.), definierte den Gegenstand der neuen Disziplin als *unmittelbare Erfahrung*. Während die Naturwissenschaften die Erfahrung nach Abstraktion vom Subjekt analysieren, hat die Psychologie die Erfahrung „in ihrer unmittelbaren subjektiven Beschaffenheit zu ihrem Gegenstand" (Wundt, 1914, S. 24). Ihre Aufgabe „besteht in der Erforschung dessen, was wir im Gegensatze zu den Gegenständen der äußeren Erfahrung [...] die innere Erfahrung nennen: in unserem eigenen Empfinden und Fühlen, Denken und Wollen. Der Mensch selbst, nicht wie er von außen erscheint, sondern wie er unmittelbar sich selber gegeben ist – er ist das eigentliche Problem der Psychologie" (Wundt, 1919, S. 1).

Mit diesem Gegenstandsverständnis macht sich nicht nur eine Fragestellung bemerkbar, die aus der Philosophie übernommen wird. Auch die *Form*, in der die Frage gestellt wird, ist philosophischer Herkunft. Obwohl sich Wundt stets gegen den cartesianischen Dualismus zweier Substanzen – Körper und Geist – ausgesprochen hat, ist unübersehbar, dass die Unterscheidung einer unmittelbar gegebenen inneren Welt und einer mittelbar zugänglichen äußeren Welt dem Einfluss Descartes' zu verdanken ist. Die Psychologie fasst gleichsam den Auftrag, das erkenntnistheoretische Problem der Überbrückung der beiden Welten zu lösen. Die Themen, die von Wundt bearbeitet wurden, kreisen durchwegs um das Verhältnis von subjektiven Erscheinungen der als psychisch begriffenen Innenwelt und objektiven Gegebenheiten der als physisch gedachten Außenwelt. Im Vordergrund stand die Analyse von Empfindungen und Erlebnissen, in denen Wundt die Bausteine des Psychischen gesehen hat.

Da das Psychische als Innerlichkeit nur dem erlebenden Subjekt zugänglich ist, scheint die Psychologie auf ein besonderes Verfahren angewiesen zu sein: auf die *Introspektion*.[2] Diese soll dem Individuum gleichsam vor Augen führen, was sich in seinem Bewusstsein befindet. Allerdings war sich Wundt durchaus im Klaren darüber, dass eine Selbstbeobachtung psychischer Zustände im strengen Sinn nicht möglich ist. Denn kein Beobachter kann seinem Erleben gegenüber jene Distanz einnehmen, die eine kontrollierte Beobachtung erfordern würde. In die Beobachtung eigener Erlebnisse geht immer ein Moment der *Erinnerung* ein, dessen verzerrender Effekt sich aber klein halten lässt, wenn die Introspektion unter kontrollierten Bedingungen stattfindet. Für die Kontrolle der Bedingungen der Introspektion setzte Wundt das *Experiment* ein. Das Experiment erlaubt es, psychische Vorgänge gezielt *hervorzurufen* und das Zeitintervall zwischen unmittelbarer Wahrnehmung und Erinnerung „*verschwindend klein*" (Wundt, 1908, S. 171 – Hervorhebung W. H.) zu halten.

Wundt, der als Begründer der experimentellen Psychologie gilt, hat dieser eine vergleichsweise bescheidene Aufgabe zugewiesen. Da das Experiment lediglich die Aufgabe hat, die äußeren Bedingungen zu kontrollieren, unter denen die Introspektion als Erhebungsmethode eingesetzt wird, ist die experimentalpsychologische Forschung auf einen engen Bereich begrenzt. Denn nur diejenigen psychischen Phänomene lassen sich experimentell untersuchen, „die einer physischen Einwirkung [überhaupt] zugänglich sind" (Wundt, 1919, S. 11). Das sind aber lediglich einfache Phänomene. Als Aufgabe der experimentellen Psychologie erachtete Wundt, „dass sie den Inhalt unseres Bewusstseins in seine Elemente zerlegt, diese Elemente nach ihren qualitativen und quantitativen Eigenschaften kennen lehrt und die Verhältnisse der

---

[2] Wörtlich übersetzt meint Introspektion *Innenschau*, jedoch wird als Übersetzung zumeist der Begriff der Selbstbeobachtung verwendet.

Coexistenz und der Aufeinanderfolge derselben in exakter Weise ermittelt" (Wundt, 1883, S. 2).

Wundt war nicht nur der Ansicht, dass das Psychische *anschaulichen* Charakter hat, d. h. ohne begriffliche Konstruktionen untersucht werden kann; er ging auch davon aus, dass es reine *Aktualität* ist. Definiert als „Wissenschaft der unmittelbaren Erfahrung" (Wundt, 1911, S. 137), hat die Psychologie einen Gegenstand, der ohne Bestand ist. Die psychischen Erlebnisse muss man sich „als fließende Ereignisse, nicht als Objekte und nicht einmal als relativ beharrende Zustände von Objekten (denken)" (Wundt, 1908, S. 162). Das Psychische ist immer nur im Moment seines Erlebens wirklich.

Dieser kurze Rückblick auf Wundt zeigt, dass die Psychologie ihren Status als Wissenschaft nicht über eine Verfeinerung des psychologischen Alltagsverstandes, sondern über eine Ablösung von der Philosophie erlangt hat. Dabei ließ sie sich einen Gegenstand mitgeben, der aus alltagspsychologischer Sicht gar keiner ist. Denn im Alltag ist die Wahrnehmung ein problemloser Vorgang. Sie „wird als direkter Kontakt mit der Umwelt erfahren" (Heider, 1977, S. 26). Was sich auch in der Sprache zeigt. Denn grammatikalisch stellt die Wahrnehmung ein Erfolgs- und kein Aufgabenwort dar. Wahrnehmungsverben sind *faktiv*, wie es in der Philosophie heißt (Keil, 2000, S. 421). Sie stehen nicht für den *Vollzug* einer Tätigkeit, sondern für deren *Gelingen*. Anders als im Falle von Verben wie Suchen und Finden oder Lehren und Lernen, wo wir zwischen einem Tun und seinem Ergebnis unterscheiden, gibt es diese Differenzierung bei den Wahrnehmungsverben nicht (Ryle, 1997, S. 203 ff.). Die Wahrnehmung ist daher kein Gegenstand der Alltagspsychologie, jedenfalls nicht in dem Sinne, wie sie von der ersten Generation wissenschaftlicher Psychologen problematisiert wurde.

1.3.2 Wie beginnen mit der Psychologie?

Nicht nur historisch ist die wissenschaftliche Psychologie nicht als Verfeinerung der Alltagspsychologie entstanden. Auch systematisch spricht wenig dafür, dass sie sich thematisch aus der Alltagspsychologie heraus entwickelt hat. Nehmen wir als Beispiel ein Buch von Hans Westmeyer (*1946), das sich mit Problemen der Psychologie als Wissenschaft befasst. Auf die Frage nach dem Ziel der Psychologie gibt das Buch folgende Antwort: „Ziel der Psychologie ist die Erklärung, Prognose und Kontrolle der Ereignisse ihres Gegenstandsbereichs" (Westmeyer, 1973, S. 32 f.). Kein Wort davon, *was* dieser Gegenstandsbereich ist! Westmeyer geht so weit, dem Leser nahezulegen, die

Frage nach dem Gegenstand der Psychologie erst zu stellen, wenn bereits *abgeschlossene* Gegenstandserkenntnis vorliegt (S. 33). Offenbar glaubt er, dass mit der Psychologie begonnen werden kann, ohne dass vorher ein Blick auf die Alltagspsychologie geworfen wird.

Nehmen wir ein zweites Beispiel. In seiner *Einführung in die Methodik der Psychologie* schreibt Werner Traxel (1924–2009), als Wissenschaft verkörpere die Psychologie „ein System methodisch gewonnener Erkenntnisse und Annahmen, die ein bestimmtes Gebiet betreffen" (Traxel, 1964, S. 3). Auch Traxel scheint uns nicht sagen zu wollen, *welches* das Gebiet ist, das von der Psychologie bearbeitet wird. Stattdessen klärt er, was unter einer Wissenschaft zu verstehen ist, nämlich ein „System methodisch gewonnener Erkenntnisse und Annahmen". Will die Psychologie Wissenschaft sein, muss auch für sie – ganz unabhängig davon, was ihr Gegenstand ist – gelten, „dass sie sich mit der Feststellung von Tatsachen zu beschäftigen hat und dass ihre Aussagen durch kritische Prüfung bestätigt sein müssen".

Wie vage der Anspruch an eine Wissenschaft damit auch immer umschrieben sein mag, Traxel argumentiert *wissenschaftstheoretisch*. Noch bevor er sich darüber auslässt, auf welchem Gebiet die Psychologie ihre Erkenntnisse gewinnt, legt er fest, was die *Kriterien* sind, denen die Psychologie zu genügen hat, wenn sie Wissenschaft sein will. Dabei unterstellt er nicht nur, dass es solche Kriterien gibt, sondern scheint auch anzunehmen, dass über die Kriterien Konsens besteht. Insofern ist seine Position normativ, denn selbst wenn über die Kriterien der Wissenschaftlichkeit tatsächlich Konsens bestehen sollte, käme deren Übernahme durch die Psychologie der Befolgung einer normativen Anweisung gleich.

Wissenschaftstheorie kann in der Tat in diesem normativen Sinn verstanden werden. Sie wäre dann jene Fachdisziplin, die einer Einzelwissenschaft wie der Psychologie *vorschreibt*, wie sie vorgehen muss, um zu gültigen Erkenntnissen zu gelangen. Doch entspricht dies nur bedingt dem Selbstverständnis der vorherrschenden Analytischen Wissenschaftstheorie (vgl. Kapitel 2.1.2). Schurz (2006) schreibt in seiner *Einführung in die Wissenschaftstheorie*, diese sei „jene Wissenschaftsdisziplin, welche die *Funktionsweise* wissenschaftlicher Erkenntnis untersucht, ihre *Zielsetzungen* und ihre *Methoden*, ihre *Leistungen* und ihre *Grenzen*" (S. 11). Nichts davon, dass die Wissenschaftstheorie Normen setzt oder den Einzelwissenschaften Vorgaben macht. Ganz im Gegenteil, erscheint die Wissenschaftstheorie selber als eine Wissenschaftsdisziplin, der eine *deskriptive* Aufgabe zugewiesen wird, nämlich die Untersuchung der Funktionsweise, Zielsetzungen, Methoden, Leistungen und Grenzen der Einzelwissenschaften.

Nicht nur deutet Traxel (1964) die Wissenschaftstheorie – entgegen ihrem Selbstverständnis – normativ, er orientiert sich auch nicht wirklich an ihren Ergebnissen. Vielmehr scheint er von einem allgemein geteilten Konsens auszugehen, wonach die Feststellung von Tatsachen und die kritische Prüfung von Aussagen das Hauptgeschäft einer Wissenschaft ist. Allein damit lässt sich eine Wissenschaft aber nicht begründen. Traxel räumt ein, dass es zusätzlich eines *Vorverständnisses* von der „Eigenart des zu untersuchenden Gegenstands" (S. 4) bedarf. Worin aber liegt die Eigenart des Gegenstands im Falle der Psychologie?

1.3.3 Von der Seele zu den psychischen Erscheinungen

Wollten wir von ihrer Bezeichnung ausgehen, wäre die Psychologie die Lehre von der Seele (von gr. *psyche* = Seele, und gr. *logos* = Lehre, Wissenschaft). Doch die Seele ist eine metaphysische Größe, die sich als Grundlage für eine Wissenschaft nicht eignet.

Metaphysik

Die Metaphysik ist eine Teildisziplin der Philosophie, in der Themen zur Diskussion stehen, die sich mit wissenschaftlichen Methoden nicht oder nur unzulänglich bearbeiten lassen. Dazu zählen u. a. die Existenz Gottes, die Beschaffenheit der Welt, der Ursprung des Universums, die Unsterblichkeit der Seele, der Sinn des Lebens, die Freiheit des Willens, die Bestimmung des Menschen. Aber auch wissenschaftlich relevante Probleme können metaphysischen Charakter haben, wie das Wesen der Kausalität, die Begründung der Induktion, das Verhältnis von Materie und Geist etc. Da solche ‚letzten Fragen' schwer zu beantworten sind, steht die Metaphysik im Verdacht, das Erkenntnisvermögen des Menschen zu überschreiten und daher sinnlos zu sein (vgl. Kapitel 2.1.1). Eine klare Trennlinie zwischen Wissenschaft und Metaphysik zu ziehen, erweist sich jedoch als äußerst schwierig.

Friedrich Albert Lange (1828–1875), neben Wundt einer der Väter der modernen Psychologie, schreibt in seiner *Geschichte des Materialismus* (1866), in den wenigen Erscheinungen psychischer Art, die bisher einer genaueren Beobachtung zugänglich gemacht worden seien, liege „nicht die mindeste Veranlassung, eine Seele in irgendwelchem näher bestimmten Sinne [...] anzunehmen" (Lange, 2003, S. 407). Getrost sah er sich zum Aufruf veranlasst: „Also nur ruhig eine Psychologie ohne Seele angenommen!". Wundt (1919) folgte dem Aufruf in der Überzeugung, dass sich die Psychologie, falls sie zur empirischen Wissenschaft werden wolle, von metaphysischen Gespinsten frei halten müsse. Statt über das Wesen der Seele zu spekulieren, sei es ihre Aufgabe, „die Tatschen selber kennenzulernen und [...] die Gesetze festzustellen, auf die sich die psychischen Erscheinungen zurückführen lassen" (S. 545). Auch wenn der Begriff der Seele aus dem allgemeinen Sprachgebrauch nicht verschwunden ist, hat die Psychologie zweifellos Recht, wenn sie ihren Gegenstand nicht in der Seele, sondern in den *psychischen Erscheinungen* sieht.

Was aber zeichnet psychische Phänomene aus? Traxel (1964, S. 13 ff.) nennt vier Merkmale. *Erstens* deren Geschehenscharakter, *zweitens* deren Zugehörigkeit zu den Lebenserscheinungen, *drittens* die Tatsache, „dass sie jeweils nur einem einzigen Beobachter, nämlich ihrem Träger, unmittelbar zugänglich sind" (S. 18), und *viertens* deren objektive Basis, die in der Körperlichkeit des Individuums liegt.[3] Von diesen vier Kriterien des Psychischen kann gemäß Traxel nur das dritte als *genuin* psychologisch erachtet werden. Es liege im Wesen des Psychischen, „dass andere Individuen keinen unmittelbaren Einblick in das nehmen [...] können, was sich in der Psyche eines Individuums vollzieht".

Traxel (1964) leitet aus seiner Aufbereitung der psychischen Erscheinungen eine Definition der Psychologie ab, die er als „die Wissenschaft von den subjektiven Lebensvorgängen, die gesetzmäßig mit objektiven verknüpft sind" (S. 23), bezeichnet. Er betont, dass das *Verhalten* im Gegenstand der Psychologie eingeschlossen sei, der *eigentliche* Gegenstand der Psychologie aber im (subjektiven) Erleben liege, was ihn dazu führt, als Forschungsbereich der Psychologie das Erleben und Verhalten „in ihrem [...] untrennbaren Zusammenhang" (S. 25) zu deklarieren.

Offensichtlich stützt sich auch Traxel bei seinem systematischen Versuch, mit der Psychologie zu beginnen, nicht auf die Vorgaben der Alltagspsychologie. Sein Vorverständnis des psychologischen Gegenstandes entnimmt er der Tradition der akademischen Psychologie, wie sie von Wundt begründet wurde (vgl. Kapitel 1.3.1). Zwar hatte Wundt in *seinem* Verständnis des psychologischen Gegenstandes für das Verhalten noch keine Verwendung. Und auch Traxel bezieht sich lediglich aus methodischen Gründen auf das Verhalten. Doch

---

[3] Heute würden wir nicht mehr von der Körperlichkeit, sondern vom Gehirn als objektiver Basis des Psychischen sprechen (vgl. Kapitel 8.2.1).

in der Formel *Erleben und Verhalten* liegt so etwas wie der kleinste gemeinsame Nenner für das Gegenstandsverständnis der wissenschaftlichen Psychologie. So heißt es beispielsweise bei Dörner und Selg (2005), alles könne zum Gegenstand der Psychologie werden, „was erlebbar ist und/oder sich in Verhalten äußert" (S. 29). Ins Englische, der *lingua franca* der modernen Psychologie, wird Erleben oft mit *experience* oder *consciousness* übersetzt. Folglich bilden „behavior and conscious experience" die beiden „fundamental metaphysical categories of psychology" (Hillner, 1985, S. 245). Gemäß Maderthaner (2008) untersucht die Psychologie „die Zustände und Veränderungen des Verhaltens, des Erlebens und des Bewusstseins" (S. 28). Nochmals etwas anders wird der Akzent gelegt, wenn vom Geistigen oder Mentalen die Rede ist. Die Psychologie ist dann „die wissenschaftliche Untersuchung des Verhaltens von Individuen und ihren mentalen Prozessen" (Gerrig & Zimbardo, 2008, S. 2).

Wenn wir nochmals auf die Frage nach dem Verhältnis von Alltagspsychologie und wissenschaftlicher Psychologie zurückkommen, dann fallen drei Dinge ins Auge. *Erstens* beruft sich die Psychologie, wenn sie mit ihrer Arbeit beginnt, weder in historischer noch in systematischer Hinsicht auf die Alltagspsychologie. *Zweitens* ist die Formel *Erleben und Verhalten* zur Charakterisierung der wissenschaftlichen Psychologie nicht nur viel allgemeiner, sondern auch viel unspezifischer als die alltagspsychologische Orientierung an *Personen und Handlungen*. *Drittens* ist die thematische Ausrichtung der wissenschaftlichen Psychologie stark individualistisch geprägt, während die Alltagspsychologie ihren Gegenstand in einer vorwiegend sozialen Perspektive sieht.

Was den zuletzt erwähnten Punkt anbelangt, so stehen im Zentrum der Alltagspsychologie weder das Erleben noch das Verhalten *per se*, auch nicht deren Verhältnis, und schon gar nicht deren Abkunft von den neuronalen Strukturen des Gehirns, sondern die Art und Weise, wie Menschen miteinander umgehen und *dabei* auf Psychisches stoßen. Wenn wir die Alltagspsychologie in *formaler* Hinsicht, d.h. bezüglich begrifflicher und methodischer Systematik, kritisiert haben (vgl. Kapitel 1.2), und wenn wir daraus eine *Diskontinuität* mit der wissenschaftlichen Psychologie abgeleitet haben, so müssen wir dieses Urteil in *inhaltlicher* Hinsicht bestätigen. Auch inhaltlich – in Bezug auf ihren Gegenstand – schließt die wissenschaftliche Psychologie nicht an der Alltagspsychologie an, sondern bearbeitet Themen, die sich im Alltag entweder gar nicht oder nicht in dieser Weise stellen.

📖 Weiterführende Literatur

Galliker, M., Klein, M. & Rykart, S. (Hrsg.) (2007). *Meilensteine der Psychologie. Die Geschichte der Psychologie nach Personen, Werk und Wirkung.* Stuttgart: Kröner.

Kelley, H. H. (1992). Common-Sense Psychology and Scientific Psychology, *Annual Review of Psychology, 43,* 1–23.

Ratcliffe, M. (2007). *Rethinking Commonsense Psychology. A Critique of Folk Psychology, Theory of Mind and Simulation.* Houndmills: Palgrave Macmillan.

Straub, J., Kempf, W. & Werbik, H. (Hrsg.) (2005). *Psychologie. Eine Einführung* (5. Aufl.). München: Deutscher Taschenbuch Verlag.

2 Wissenschaftstheorie und Logik

Inzwischen wissen wir schon einiges über Psychologie und Wissenschaft. Auch von der Wissenschaftstheorie haben wir einen ersten Eindruck gewonnen. Danach hat diese zur Aufgabe, Funktion, Ziele, Methoden, Leistungen und Grenzen wissenschaftlicher Erkenntnis zu untersuchen (Schurz, 2006, S. 11). Etwas anders formuliert, liegt das Ziel der Wissenschaftstheorie „in der Klärung wissenschaftlicher Begriffe, Aussagen, Methoden und Theoriebildungen" (Carrier, 2009, S. 15). Insofern bewegt sich die Wissenschaftstheorie auf einer Metaebene: Als Wissenschaft handelt sie von Wissenschaft. Wie aber muss man sich das vorstellen? Welcher Methoden bedient sich die Wissenschaftstheorie, um Klarheit über die Wissenschaften zu gewinnen? Diesen Fragen wollen wir im Folgenden nachgehen.

Wir beginnen mit einer genaueren Bestimmung dessen, was unter Wissenschaftstheorie zu verstehen ist (2.1). Das wichtigste Instrument, dessen sich die Wissenschaftstheorie bedient, ist die Logik. Da diese zugleich ein bedeutendes Hilfsmittel der Einzelwissenschaften darstellt, befassen wir uns etwas ausführlicher mit den Zielen und Methoden der modernen Logik (2.2). Schließlich wollen wir zwei Kernmomente von Wissenschaft einer ersten Klärung zuführen: Theorien und theoretische Begriffe (2.3).

2.1 Was heißt Wissenschaftstheorie?

Die Wissenschaftstheorie ist ein Kind des 20. Jahrhunderts. Ihre Geburtsstunde liegt im *Wiener Kreis*, einer Gruppe von Philosophen und Wissenschaftlern um Moritz Schlick (1882–1936), die in den 1920er- und 1930er-Jahren einen an der modernen Logik orientierten *Empirismus* begründet haben. Stark beeinflusst wurden die Mitglieder des *Wiener Kreises* von Ludwig Wittgenstein (1889–1951), der zugleich einer der wichtigsten Begründer der Analytischen Philosophie ist. Aus der Verbindung von Logischem Empirismus und Analytischer Philosophie ist die *Analytische Wissenschaftstheorie* hervorgegangen, die noch heute eine wichtige Position einnimmt. Was unter Analytischer Wissenschaftstheorie zu verstehen ist, wollen wir im Folgenden darstellen.[4]

2.1.1 Analytische Philosophie

Neben Wittgenstein sind die wichtigsten Begründer der Analytischen Philosophie Bertrand Russell (1872–1970), George Edward Moore (1873–1958) und Gottlob Frege (1848–1925). Ihnen gemeinsam war die Überzeugung, Aufgabe der Philosophie sei nicht die Konkurrenzierung der Wissenschaften, sondern die Klärung der Sprache, die wir im Alltag und in der Wissenschaft bei unseren Erkenntnisbemühungen verwenden. Begrifflich unpräzise und methodisch nicht überprüfbare Aussagen wiesen sie entschieden zurück und verwarfen jede Art von Spekulation. Zudem verzichteten sie auf den Entwurf eines *Weltbildes*, wie dies zu Beginn des 20. Jahrhunderts oft als Aufgabe der Philosophie wahrgenommen wurde. Indem sie die Sprache zum primären Gegenstand der philosophischen Analyse erklärten, legten sie die Basis für die *linguistische* bzw. *sprachkritische Wende (linguistic turn)*, welche die Philosophie zu Beginn des 20. Jahrhunderts machte.

Ein wesentliches Moment dieser kritischen Wende zur Sprache betrifft die Ansicht, dass es falsche Sätze geben kann, d. h. Sätze, die zwar sprachlich korrekt scheinen, sich bei genauer Analyse jedoch als *sinnlos* herausstellen. Dazu gehören Sätze, in denen Verben oder Adjektive als Substantive gebraucht werden. Aus dem Verb *sein*, das eine rein grammatische Funktion hat, wird das Substantiv *Sein*, oder aus dem Adverb *nicht*, mit dem wir eine Aussage verneinen, wird ein substantiviertes *Nichts*, das auf eine sprachjenseitige Wirklichkeit zu verweisen scheint. Was dieses Nichts aber sein könnte, erweist sich als schleierhaft. Vergleichbares gilt für die Substantivierung von Personalpronomen. Wenn wir im Alltag sagen „Ich habe Durst" oder „Ich will nach Hause", wird uns niemand missverstehen. Wenn wir jedoch sagen würden „Mein Ich hat Durst" oder „Mein Ich will nach Hause", wäre uns ein unverständiges Kopfschütteln gewiss. Doch Psychologen sprechen oft von einem *Ich* oder einem *Selbst*. Ist das korrekt? Verwenden wir die Sprache dabei richtig?

Die Vertreter der Analytischen Philosophie sind überzeugt, dass eine Reihe von metaphysischen Problemen auf den inkorrekten Gebrauch der Sprache zurückzuführen ist. Carnap veröffentlichte 1931 einen Aufsatz mit dem programmatischen Titel *Überwindung der Metaphysik durch logische Analyse der*

---

[4] Auf den Logischen Empirismus werden wir später ausführlich eingehen (vgl. Kapitel 4.1).

Sprache. Mit Russell, Schlick und anderen glaubte er, die Metaphysik endgültig aus Philosophie und Wissenschaft verbannen zu können. Denn Sätze über metaphysische Belange seien schlicht sinnlos, da sie weder eine empirische noch eine logische Prüfung zulassen. Tatsächlich sind dies die beiden einzigen Arten von Sätzen, die im Logischen Empirismus anerkannt wurden: Sätze, die aufgrund ihrer logischen Form wahr sind, aber keinen Informationsgehalt aufweisen (und deshalb auch Tautologien genannt werden), und empirische Sätze, die sich durch sinnliche Erfahrung überprüfen lassen (vgl. Kapitel 4.1).

Der Analytischen Philosophie geht es darum, begriffliche Implikationen und argumentative Zusammenhänge so präzise wie möglich herauszuarbeiten, „und sei es um den Preis der Penetranz oder gar der Langeweile" (Beckermann, 2008, S. VIII). Ergebnis der Arbeit Analytischer Philosophie ist daher nicht gedanklicher Tiefsinn, sondern Klarheit beim Reden über alltägliche und wissenschaftliche Dinge. Zwar sind die Konturen der Analytischen Philosophie inzwischen etwas undeutlich geworden, aber die Verwendung von Logik und Sprachanalyse zur Klärung philosophischer und wissenschaftlicher Probleme bildet nach wie vor ihren programmatischen Kern.

2.1.2 Analytische Wissenschaftstheorie

Das gilt genauso für die Analytische Wissenschaftstheorie, was sich am Beispiel von Wolfgang Stegmüller (1923–1991) bündig illustrieren lässt.

Stegmüller (1973, S. 7 f.) bestimmt die Wissenschaftstheorie als *angewandte Logik* und folgt darin den Vorgaben von Carnap (2004), der von der *Erkenntnistheorie* sagt, sie sei „im Grunde nichts anderes […] als angewandte Logik" (S. 68). Die Logik bildet den kritischen Maßstab, an dem sich die wissenschaftstheoretische Analyse zu orientieren hat. Als wissenschaftlich wird nur akzeptiert, was sich mit den Methoden der Logik *rational rekonstruieren* lässt. Trotz der Normativität, der sich die Wissenschaftstheorie damit verpflichtet, hebt Stegmüller (1973, S. 27) deren *deskriptiven* Charakter hervor. Die Frage, ob eine bestimmte Einzelwissenschaft in ihrer Existenz berechtigt ist, hält er für „*keine sinnvolle wissenschaftstheoretische Frage*" (S. 24).

Wenn Wissenschaftstheorie rationale Rekonstruktion von Wissenschaft mit den Mitteln der Logik ist, dann liegt ihr Gegenstand in sprachlicher Form vor.[5] Stegmüller (1973) lässt keinen Zweifel aufkommen, dass es aus seiner Sicht

---

[5] Wobei der Begriff der Sprache in einem allgemeinen Sinn zu verstehen ist, in dem zum Beispiel auch die Mathematik eine Sprache darstellt.

nicht die Wissenschaft als *Tätigkeit* ist, mit der sich die Wissenschaftstheorie befasst, auch nicht die Wissenschaft als soziale *Institution* oder *Lebensform*. Zu ihrem Gegenstand hat sie vielmehr „Sätze, Systeme von Aussagen und von Begriffen, linguistische Gebilde einer Objektsprache und deren semantische Entsprechungen, Argumentations- und Begründungsweisen" (S. 15). Die Theorien und Gesetze einer Wissenschaft, die zumeist ebenfalls in sprachlicher Form vorliegen, ließen sich dieser Aufzählung hinzufügen.

Indem sich die Wissenschaftstheorie für die Sätze und Aussagen interessiert, in denen Wissenschaften ihre Erkenntnisse darstellen, stehen zwei zentrale Punkte, in denen sich die wissenschaftliche Psychologie von der Alltagspsychologie unterscheidet, zur Diskussion, nämlich die Klarheit ihrer Begriffe und die Schlüssigkeit ihrer Aussagen (vgl. Kapitel 1.2). Im Folgenden wollen wir etwas genauer herausarbeiten, was diese beiden Ansprüche beinhalten.

2.2 Logik

Seit Aristoteles wird die Logik in die Lehre von den Begriffen, Urteilen (Aussagen) und Schlüssen unterteilt. Damit ist aber noch nicht klar, wovon die Logik handelt. Handelt sie von realen Dingen und deren Beziehungen, d.h. von *Tatsachen*? Handelt sie von psychischen Phänomenen, d.h. von *Gedanken*? Oder handelt sie von *sprachlichen Gebilden*, d.h. von Sätzen? In der Geschichte der Logik finden sich Belege für alle drei Auffassungen, d.h. für ein ontologisches, ein psychologisches und ein sprachliches Verständnis von Logik (Tugendhat & Wolf, 1983, S. 8ff.). Mit dem *linguistic turn* zu Beginn des 20. Jahrhunderts hat sich die sprachliche Auffassung jedoch weitgehend durchgesetzt. Die moderne Logik, die auch symbolische oder formale Logik genannt wird, betrachtet ihren Gegenstand aus einer rein syntaktischen und semantischen Perspektive. Genau dadurch konnte sie zum analytischen Werkzeug der Wissenschaftstheorie werden.

Allerdings geht es der modernen Logik weniger um sprachliche Oberflächenphänomene als um die Bedeutungen, die mit Wörtern oder Sätzen ausgedrückt werden. Die Tatsache, dass es regnet, lässt sich auf deutsch („es regnet"), auf französisch („il pleut"), auf englisch („it's raining") oder in einer beliebigen anderen Sprache ausdrücken. Was wir jeweils sagen wollen, ist aber immer dasselbe. Insofern die Logik universelle Gültigkeit anstrebt, interessiert sie sich nicht für konkrete, raum-zeitlich identifizierbare *Äußerungen*, seien sie lautlicher oder schriftlicher Art, sondern für das den Äußerungen Zugrundeliegende. Zu unterscheiden ist daher nach dem, was im strengen Sinn *sprachlich* ist (Wörter, Sätze, Äußerungen u. Ä.), und dem, was *hinter* der Sprache liegt (Begriffe, Aussagen, Propositionen u. Ä.). Mit dem Ausdruck *Begriff* wird der gemeinsame Bedeutungskern von *Wörtern* bezeichnet; unter einer *Aussage* versteht man die sich trotz unterschiedlichem Wortgefüge (Satzbau) gleich bleibende Bedeutung von *Sätzen*.[6]

2.2.1 Begriffe

Zur Klärung von Begriffen stehen verschiedene Verfahren zur Verfügung. Die klassische Methode ist diejenige der Definition, wobei man nach Nominal-, Real- und operationaler Definition unterscheidet. Zwei neuere Methoden stellen die Begriffsexplikation und die Begriffsanalyse dar.

Nominaldefinition. Nominale Definitionen sind Festsetzungen, bei denen die Bedeutung eines Begriffs durch Übereinkunft standardisiert wird. Beispielsweise: „Intelligenz ist die allgemeine Fähigkeit eines Individuums, sein Denken bewusst auf neue Forderungen einzustellen" (Stern, 1920, S. 2 f.). Da es sich bei nominalen Definitionen um Konventionen handelt, besteht keine Notwendigkeit, eine Nominaldefinition anzuerkennen. Jedoch ist es kaum denkbar, dass in einer Wissenschaft beliebig viele Nominaldefinitionen für ein und denselben Begriff kursieren, da dadurch die Verständigung innerhalb der Disziplin erschwert wäre. Trotzdem bestehen in vielen Fällen – gerade in der Psychologie – Kontroversen über die angemessene Nominaldefinition eines Begriffs.

Realdefinition. Von einer Realdefinition wird erwartet, dass sie die *wesentlichen* Merkmale eines Begriffs wiedergibt. Damit ist nicht gemeint, dass die Definition das unumstößliche *Wesen* einer Sache benennt. Auch wenn dies der ursprüngliche Ansatz einer Realdefinition war, wird diese Position heute nicht mehr vertreten (Löffler, 2008, S. 17 f.). Trotzdem kann eine Realdefinition richtig oder falsch sein. Wenn wir zum Beispiel einen Delfin als Säugetier, das schwimmen kann, definieren würden, wäre dies zwar keine falsche, aber

---

[6] Von Begriffen ist allerdings oft nachlässig die Rede. Nicht selten ist einfach ein Wort oder ein sprachlicher Ausdruck gemeint. Ähnliches gilt für die Differenzierung von Satz und Aussage. Wir werden uns selber nicht immer streng an die getroffenen Unterscheidungen halten, vorzugsweise aber von Begriffen und Aussagen sprechen.

eine unzulängliche Definition, denn auch Wale sind schwimmende Säugetiere. Mit unserem Definitionsversuch hätten wir die wesentlichen Merkmale eines Delfins noch nicht getroffen.

Operationale Definition. Operationale Definitionen liegen in gewisser Weise zwischen Nominal- und Realdefinitionen. Denn einerseits legen sie wesentliche Merkmale eines Begriffs fest, tun dies aber per Konvention, indem sie vorgeben, wie ein Begriff methodisch (operational) gebraucht bzw. gemessen wird. Unter Intelligenz ist dann in operationaler Hinsicht das zu verstehen, was ein Intelligenztest misst. So lautet ein Definitionsvorschlag von Boring (1923): „Intelligence is what the tests test" (S. 35). Das Beispiel bringt die Problematik operationaler Definitionen anschaulich auf den Punkt. Denn die *Bedeutung* eines operational definierten Begriffs ergibt sich *allein* aus der Prozedur, die wir anwenden, um den Begriff empirisch zu erfassen. Im Falle einer operationalen Definition von Intelligenz hätten wir je nach Test etwas anderes unter Intelligenz zu verstehen. Der Begriff würde seine abstrakte Bedeutung, die wir ihm intuitiverweise beimessen und die ihm auch durch eine Nominaldefinition beigemessen wird (vgl. oben), verlieren. Das Problem operationaler Definitionen besteht darin, dass die Bedeutung *(sense)* eines Begriffs mit dessen Referenz *(reference)* gleichgesetzt wird.

Die Unterscheidung von Bedeutung und Referenz geht auf Frege zurück, der allerdings etwas andere Bezeichnungen gewählt hat. Heute wird zumeist in *intensionale* und *extensionale* Bedeutung unterschieden (Hoyningen-Huene, 1998, S. 174 ff.). Die Intension eines Ausdrucks ist dessen Inhalt (Sinn, Bedeutung im engeren Sinne), die Extension sein Umfang, d. h. was unter den Begriff fällt (Referenz, Bedeutung im weiteren Sinne). Das klassische Beispiel ist der Planet Venus, der sowohl als *Morgenstern* wie als *Abendstern* bezeichnet wird. Lange Zeit war der Menschheit nicht bewusst, dass es sich dabei um ein und dasselbe Objekt handelt[7], weshalb zwei Eigennamen mit unterschiedlicher Bedeutung (Intension), aber gleicher Referenz (Extension) in Umlauf waren. Ein anderes Beispiel ist ein Glas Wasser, von dem die einen sagen, es sei *halb voll*, während es für die anderen *halb leer* ist. Wiederum gilt, dass auf das Gleiche referiert wird, aber Verschiedenes gemeint ist.[8]

---

[7] Es scheinen die Babylonier gewesen zu sein, denen dies erstmals klar geworden ist.
[8] Bedeutung und Referenz sind die beiden zentralen Themen der Semantik, während sich die Syntax mit den rein formalen Beziehungen zwischen sprachlichen Zeichen befasst und die Pragmatik deren Verwendung untersucht.

Begriffsexplikation. Weniger willkürlich als eine nominale oder operationale Definition ist eine Begriffsexplikation. Die Methode geht auf Carnap zurück (Ernst, 2007, S. 35 ff.), der ihr die Aufgabe zuwies, einen mehr oder weniger unpräzisen Begriff durch einen präzisen zu ersetzen. Der unpräzise Begriff wird Explikandum genannt, der präzisierte ist das Explikat. Bei einer erfolgreichen Explikation besteht zwischen Explikat und Explikandum inhaltliche Übereinstimmung, wobei es als legitim gilt, unklare Elemente des Explikandums zu eliminieren und durch klare zu ersetzen (Löffler, 2008, S. 14).

Begriffsanalyse. Anders als die Begriffsexplikation fragt die Begriffsanalyse nach den konstitutiven (notwendigen und hinreichenden) Merkmalen eines Begriffs. Ansatzpunkt ist der faktische *Gebrauch* eines Begriffs – sei es im Alltag, sei es in der Wissenschaft. Wie eine Realdefinition kann eine Begriffsanalyse richtig oder falsch sein, je nachdem, ob der Gebrauch des Begriffs richtig oder falsch rekonstruiert worden ist. Da uns die Begriffsanalyse bewusst machen will, was wir *eigentlich* meinen, wenn wir ein bestimmtes Wort verwenden, ist ihr kritischer Anspruch deutlich geringer als im Falle der Begriffsexplikation. Wie Wittgenstein (2006b) formuliert, kommen die Ergebnisse einer Begriffsanalyse der Entdeckung von Beulen gleich, „die sich der Verstand beim Anrennen an die Grenze der Sprache geholt hat" (S. 301). Wir werden im Kapitel 3.2 ein Beispiel für eine Begriffsanalyse vorstellen.

2.2.2 Aussagen

Begriffe haben eine Bedeutung und eine Referenz, d.h. sie *meinen* etwas und *beziehen sich* auf etwas. Sie sagen aber nicht, *was der Fall ist*. Erst wenn sie zur *Prädikation* verwendet werden, ergeben sich *Aussagen*, die über die Wirklichkeit informieren. Eine Prädikation ist eine sprachliche Handlung, durch die einem Gegenstand eine Kennzeichnung (ein Prädikator) zugewiesen wird (Kamlah & Lorenzen, 1996, S. 28f.).[9] Eine durch Prädikation erzeugte Aussage wird auch *synthetische Aussage* genannt, sofern sie einen Sachverhalt behauptet, dessen Bestehen empirisch geprüft werden muss. Trifft der Sachverhakt zu, erweist sich die Aussage als *wahr* (vgl. Kapitel 3.3.1). Durch den Nachweis der Wahrheit wird aus einem Sachverhalt eine *Tatsache*. Während ein Sachverhalt

---

[9] Unter einem Gegenstand wird in der Logik jede Entität verstanden, die aus der Welt ausgegrenzt werden kann. Alles, wovon die Rede sein kann, kann ein logischer Gegenstand sein (Kamlah & Lorenzen, 1996, S. 39 ff.).

möglicherweise der Fall ist, ist eine Tatsache *wirklich* der Fall. Was uns berechtigt, vom einen zum anderen überzugehen, d. h. zu behaupten, etwas sei nicht nur vermutlich, sondern tatsächlich wahr, ist ein schwieriges Problem und wird uns noch ausgiebig beschäftigen (vgl. Kapitel 4 bis 6).

Sätze können aber auch wahr sein, ohne dass sie eine Tatsache ausdrücken, dann nämlich, wenn sie aufgrund ihrer Form wahr sind. Statt mit synthetischen haben wir es dann mit *analytischen Aussagen* zu tun. Analytisch wahre Sätze können zudem aus begrifflichen oder aus logischen Gründen wahr sein. Ein Satz wie „Alle Junggesellen sind unverheiratet" ist begrifflich, aber nicht logisch wahr, da sich seine Wahrheit aufgrund der Bedeutung des Begriffs ‚Junggeselle' ergibt. Logisch wahr ist demgegenüber der Satz: „Wenn der Hahn kräht auf dem Mist, ändert sich das Wetter, oder es bleibt, wie es ist." Die Wahrheit dieses Satzes hat mit seinem Inhalt nichts zu tun, sondern ergibt sich allein aufgrund seiner logischen Form (Hoyningen-Huene, 1998, S. 78 ff.). Wir können daher genauso gut sagen: „Wenn der Hahn kräht auf dem Mist, steigt die Zahl der Psychologiestudierenden, oder sie bleibt wie sie ist."

2.2.3 Schlüsse

Während Aussagen durch Prädikation gebildet werden, ist die Verknüpfung von Aussagen eine Sache des logischen Schließens. Damit befinden wir uns endgültig auf dem Terrain der Logik, denn die moderne Logik versteht sich in erster Linie als Lehre vom korrekten Schließen (Hoyningen-Huene, 1998, S. 155; Löffler, 2008, S. 25). Die beiden klassischen Formen des logischen Schließens sind die *Induktion* und die *Deduktion*. Bei der Induktion schließen wir aufgrund der Beobachtung einzelner Fälle auf ein Allgemeines. Bei der Deduktion gehen wir umgekehrt vor, indem wir aus einem Allgemeinen ein Einzelnes ableiten.

Induktion und Deduktion

Wenn wir feststellen, dass bisher alle Menschen sterben mussten, und daraus schließen, dass auch künftig alle Menschen sterben werden, dann ist dies ein *induktiver* Schluss. Da wir über die empirisch beobachteten Fälle hinausgehen und auf *alle* Fälle (auch die bisher unbeobachteten) verallgemeinern, ist der Schluss logisch ungewiss, denn es könnte sein, dass es in Zukunft Menschen gibt, die unsterblich sind.

Wenn wir wissen, dass Menschen nur leben können, wenn sie eine Lunge haben, und daraus schließen, dass auch der Mensch, der uns gerade gegenüber steht, eine Lunge haben muss, dann ist dies ein *deduktiver* Schluss. Da wir von einem Gesetz ausgehen, das universelle Gültigkeit beansprucht (vgl. Kapitel 7.3), ist der Schluss gewiss, und zwar ohne dass wir überprüfen, ob der Mensch vor uns tatsächlich eine Lunge hat.

Bei einem deduktiven Schluss stellt sich allerdings die Frage, woher wir wissen, dass uns ein Gesetz, d.h. eine Aussage mit universeller Gültigkeit, vorliegt. Sind wir letztlich nicht auf die Induktion, d.h. auf ein ungewisses Schlussverfahren, angewiesen, um unser Wissen zu begründen? Bei dieser Frage handelt es sich jedoch nicht um eine logische Frage, sondern um eine Frage der Erkenntnis- und Wissenschaftstheorie. Denn die (formale) Logik sieht von Inhalten ab und interessiert sich ausschließlich für die Korrektheit von Schlüssen. Ein Schluss kann auch dann logisch korrekt sein, wenn seine Prämissen falsch sind.

Neben die Induktion und die Deduktion wird als drittes logisches Schlussverfahren gelegentlich die *Abduktion* gestellt. Dabei wird weder von einem Allgemeinen auf ein Besonderes (Deduktion) noch von einem Besonderen auf ein Allgemeines (Induktion) geschlossen, sondern in gewisser Weise von einem Besonderen auf ein Besonderes. „Abduction consists in studying facts and devising a theory to explain them" (Peirce, 1965, S. 90). Wenn wir in einer Situation herausfinden wollen, was die *beste Erklärung* für eine Beobachtung ist, dann hilft uns weder die Deduktion noch die Induktion. In dieser Situation befinden wir uns seltener als Forscher denn als Praktiker. Eine Lehrerin beispielsweise, die sich mit dem unmotivierten Verhalten eines Schülers konfrontiert sieht, wird sich fragen, womit sie dessen Desinteresse *am besten* erklären kann. Offensichtlich gibt es eine Reihe von möglichen theoretischen Ansätzen, um fehlende Motivation zu erklären. Aber welcher Ansatz ist im konkreten Fall der richtige? Die Beantwortung dieser Frage setzt Kreativität voraus, weshalb mit der Abduktion für viele Logiker der Horizont ihrer Disziplin überschritten wird.

Das eigentliche Sorgenkind der Logik stellt die Induktion dar. Während deduktive Schlüsse sicher sind, weil das Besondere, das wir aus dem Allgemeinen ableiten, in diesem enthalten ist, bieten induktive Schlüsse keine Sicherheit, da wir immer nur Einzelfälle in Händen haben, aus denen kein Allgemeines zwingend hervorgehen kann. Dass die Sonne auch morgen aufgehen wird, mag zwar *subjektiv* wahrscheinlich sein, *objektiv* ist es aber nicht mehr als eine *Hypothese*, wie Wittgenstein (2006a, S. 81) meint. Seit David Hume (1711–1776) die logischen Probleme der Induktion schamlos aufgedeckt hat, warten wir auf eine zufriedenstellende Lösung. Allerdings sollten wir vor Augen behalten, dass der Maßstab der Induktionskritik insgeheim die Deduktion ist. Gemessen an der Gewissheit, die uns deduktive Schlüsse bieten, sind induktive Schlüsse höchst ungewiss.

Deduktive Schlüsse sind gewiss, weil sie – wie gesagt – nichts Neues hervorbringen. Da die Konklusion in den Prämissen enthalten ist, fördert das Schlussverfahren nichts zutage, was nicht schon bekannt gewesen wäre.[10] Der Spieß lässt sich aber auch umdrehen. Im Falle von deduktiven Schlüssen setzen wir ganz einfach voraus, dass es nichts Neues unter der Sonne gibt. Wir unterstellen eine stabile und unveränderliche Welt. Tatsächlich spielt die historische Zeit in der (deduktiven) Logik keine Rolle. Ontologisch (s. Kasten) gesehen, ist die abendländische Logik ein Abkömmling einer vom Sein und nicht vom Werden her gedachten Wirklichkeit (Picht, 1974). Die Zeit wird vom Sein gleichsam verschluckt und lässt eine Logik zurück, die sich den Unwägbarkeiten der Zeit nicht zu stellen braucht. Genau hier liegt das philosophische Problem der Induktion. Denn bei der Induktion schließen wir von heute auf morgen, setzen uns also einer Zeit aus, die in Richtung Zukunft fließt. Von der Zukunft können wir aber *per definitionem* nicht wissen, wie sie beschaffen sein wird (Herzog, 2006, S. 164 ff.). Tatsachen sind uns immer nur im Modus der Vergangenheit bekannt, während wir in Bezug auf die Zukunft – als dem Raum der Möglichkeiten – im strengen Sinn kein Wissen haben, sondern bestenfalls Vermutungen anstellen können.

Ontologie

Die Ontologie wird je nachdem als Teilgebiet der Metaphysik (vgl. Kapitel 1.3.3) oder als deren Nachfolgedisziplin verstanden. Sie fragt in einem sehr grundsätzlichen Sinn danach, was es gibt. Mögliche Fragen der Ontologie sind: Ist die Wirklichkeit Sein oder Prozess? Was ist der Unterschied zwischen Ereignissen, Dingen und Zuständen? Ist die letzte Wirklichkeit materieller oder geistiger Art? Gibt es einen Urgrund für alles, was exis-

---

[10] Damit wird auch der Begriff der Tautologie (vgl. Kapitel 2.1.1) nochmals verständlich. Bringt eine Konklusion lediglich ans Tageslicht, was in den Prämissen gleichsam im Dunkeln lag, so wird gewissermaßen zwei Mal dasselbe gesagt.

tiert? Ist der Verlauf der Dinge vorherbestimmt? Gibt es Übersinnliches wie Gott oder die Seele? Wie im Falle von metaphysischen Fragen die Grenze zur Wissenschaft oft schwer zu ziehen ist, kann eine Wissenschaft auch gewissen ontologischen Fragen nicht ausweichen. Das gilt insbesondere für Fragen, die den Gegenstand einer Disziplin betreffen. Was für eine Art von Wirklichkeit untersucht die Psychologie? Gibt es Psychisches überhaupt? Gibt es ein unbewusstes Psychisches? Ein für die Psychologie besonders zentrales ontologisches Problem stellt das Verhältnis von Körper und Geist dar (vgl. Kapitel 8.4).

In dem Maße, wie die formale Logik auf eine Seinsontologie gebaut ist, d.h. auf eine Ontologie, in der die Wirklichkeit als unveränderlich gilt, kann bei entsprechender Manipulation der Zeit die Grenze zwischen Induktion und Deduktion aufgehoben werden. Das sei an einem Beispiel illustriert, das Mandler und Kessen (1959) in ihrem Buch *The Language of Psychology* vorstellen. Die beiden Psychologen geben den Denkprozess eines Forschers wie folgt wieder:

„1. On September 6, 1954, the following observations were made. Twenty human subjects who had 30 seconds between presentations of paired nonsense syllables were able to recite the entire list four trials earlier than twenty subjects who had only 5 seconds between presentations.
2. I think my subjects are like other organisms; I think my set of nonsense syllables is like any other set; I don't see any reason why this effect should vary from time to time; I think that my choice of times is a typical one.
3. *Therefore*, distributed practice results in more effective learning of nonsense syllables than massed practice" (Mandler & Kessen, 1959, S. 195).

Die Manipulation der Zeit erfolgt beim mittleren Glied dieses vermeintlich deduktiven Schlusses. Denn hier stützt sich der Forscher nicht auf objektive Daten, sondern auf seine subjektiven Überzeugungen. Genau dies möchte die moderne Logik vermeiden, indem sie nicht *psychologisch*, sondern rein *formal* argumentiert. Durch die subjektive Beurteilung des Forschers wird aber genau das erreicht, was die (deduktive) Logik *ontologisch* voraussetzt, nämlich eine stabile Wirklichkeit, aus der die Unwägbarkeiten der historischen Zeit eliminiert sind. Unter der Voraussetzung einer sich gleich bleibenden Wirklichkeit muss der Forscher nicht damit rechnen, die Ergebnisse, die er aufgrund seines

Experiments gewonnen hat, könnten sich schon morgen als falsch erweisen. Das ändert aber nichts daran, das der Schluss, den er aus seinem Experiment zieht, logisch gesehen *falsch* ist.

Man darf sich das Problem der Induktion im Übrigen nicht zu einfach machen. So kann man nicht darauf hinweisen, induktive Schlüsse hätten sich bisher bewährt. Das mag zwar sein, wäre aber seinerseits ein induktiver Schluss. Die Induktion mit der Induktion *beweisen* zu wollen, geht nicht. Ein Beweis der Gültigkeit induktiver Schlüsse liegt denn auch bis heute nicht vor. Das hat zur Folge, dass der Begriff der Logik heute zumeist mit deduktiver Logik gleichgesetzt wird. Als logisch im strengen Sinn gelten ausschließlich deduktive Schlüsse.

2.3 Theorien und theoretische Begriffe

Eine besondere Form der Verknüpfung von Aussagen stellen Theorien dar. Theorien bestehen aus Sätzen und „kommen in Sätzen verpackt daher" (Quine, 1995, S. 3 f.).[11] Quine (2007) nennt eine Theorie auch ein „Gewebe aus Sätzen" (S. 34), die ein zusammenhängendes Ganzes bilden, das er auch mit einem Gewölbe vergleicht. „Ein Stein im oberen Teil eines Gewölbes wird unmittelbar durch die übrigen oberen Steine gestützt, während er letzten Endes durch alle Grundsteine insgesamt […] getragen wird". Anderswo werden Theorien mit Netzen verglichen, die wir auswerfen, um die Welt einzufangen (Popper, 1989, S. XXV), oder mit Landkarten, die uns helfen, die Wirklichkeit zu vermessen (Tolman, 1967, S. 424 f.). Weniger metaphorisch ausgedrückt, besteht eine Theorie „aus einem Bündel von Aussagen, die aufeinander abgestimmt sind und eine stimmige Gesamtsicht bieten" (Schülein & Reitze, 2005, S. 266).

Wenn wir der Etymologie des Theoriebegriffs nachgehen, stellen sich weitere Assoziationen ein. Der ursprüngliche Sinn von *theoria* liegt im Beobachten und Zuschauen. Wie Moser (1984, S. 720) bemerkt, leitet sich das Wort *Theorie* von demselben Wortstamm her wie das Wort *Theater*. Theorie hat mit Sehen und Schauen zu tun und verdankt sich einer kontemplativen, nicht einer aktiven Haltung. Im Zustand des Betrachtens erreicht der Mensch gar göttliche Züge, wie Aristoteles (1972) meint, wenn er die Tätigkeit der Götter eine be-

---

[11] Der Aussagenkonzeption *(statement view)* von Theorien wird gelegentlich eine Nicht-Aussagenkonzeption *(non-statement view)* gegenübergestellt. Versuche, diese auf die Psychologie zu übertragen, gibt es zwar (Westermann, 2000), doch spielen sie eine geringe Rolle, weshalb wir nicht näher darauf eingehen.

trachtende nennt. „So weit sich [...] das Betrachten erstreckt, so weit erstreckt sich auch die Glückseligkeit, und den Menschen, denen das Betrachten in höherem Grade zukommt, kommt auch die Glückseligkeit in höherem Grade zu" (S. 300). Einen Theoretiker muss man sich daher als einen glücklichen Menschen vorstellen, denn sein Leben spielt sich ganz im Medium des Betrachtens ab.

Theorie scheint den Wortstamm nicht nur mit *Theater*, sondern auch mit *Theologie* zu teilen (Toulmin, 1985, S. 239). Bei Platon meint *theoria* die Erinnerung der Seele an ihren göttlichen Ursprung (Picht, 1974, S. 304f.). Indem das Wissen der Menschen dem Wissen der Götter angeglichen wird, ergibt sich eine *Zuschauertheorie der Erkenntnis*, wie sie von Dewey (2001, S. 205) genannt wird. Theorie ist Kontemplation von Wirklichkeit am Standort eines göttlichen Betrachters. Als Erkennender tritt der Mensch in die Fußstapfen Gottes und maßt sich an, die Welt *von außen* zu ergründen. Er macht sich zum Augenzeugen eines Geschehens, das er auf seine ewigen Strukturen zu durchschauen vermeint (Craig, 1987). Wir werden noch sehen, dass die insgeheim theologische Abkunft des Theoriebegriffs der wissenschaftlichen Erkenntnis einige Probleme bereitet (vgl. Kapitel 3.3).

Die Sätze, aus denen Theorien bestehen, sind synthetischer Art, d.h. sie haben empirischen Gehalt und sollten in diesem bestätigt sein. Es mag zwar – wie in der Mathematik – auch Theorien geben, die rein analytischen Charakter haben, doch in einer Realwissenschaft[12] wie der Psychologie sollte eine Theorie darüber informieren, was der Fall ist. Nur so kann sie eine ihrer wichtigsten Funktionen wahrnehmen, nämlich *Erklärungen* zu liefern (vgl. Kapitel 7).

Auch die Begriffe, die in Theorien vorkommen, referieren auf reale Gegenstände – zumindest nehmen wir an, dass dem so sein sollte. Doch in den meisten Wissenschaften kommen auch Begriffe vor, die sich *nicht* durch Beobachtung in der Wirklichkeit verankern lassen. In der Physik beispielsweise gibt es Moleküle, Atome, Elektronen, Protonen und elektromagnetische Felder, die man weder einfach sehen noch unvermittelt messen kann. Wie Carnap (1986) bemerkt, kann uns ein Physiker „nicht ein Bild der Elektrizität zeigen so wie er seinem Kind das Bild von einem Elefanten zeigt" (S. 234). Trotzdem scheint es Elektrizität zu geben. Begrifflich scheinen wir daher nach *Beobachtungsbegriffen* und *theoretischen Begriffen* unterscheiden zu müssen, wobei

---

[12] Realwissenschaften lassen sich von Formalwissenschaften abgrenzen, die sich (wie Logik oder Mathematik) nicht mit realen Gegenständen, sondern mit Denkgebilden befassen.

Carnap einräumt, dass es keine scharfe Grenze zwischen den beiden Arten von Begriffen gibt.

Weil die Grenze zu den Beobachtungsbegriffen oft nicht eindeutig ist, lassen sich theoretische Begriffe nicht über empirische Prozeduren bzw. operationale Definitionen einführen. Letztlich bedürfen sie der theoretischen Verankerung, d. h. die Bedeutung eines theoretischen Begriffs ergibt sich aufgrund der Theorie, in die er eingebettet ist. Damit stellt sich eine schwierige Frage: Wie können wir wissen, ob theoretische Begriffe überhaupt eine Referenz haben, d. h. auf etwas verweisen, das es tatsächlich gibt?

In der Wissenschaftstheorie gibt es drei Antworten auf diese Frage. Anhänger des *Realismus* nehmen an, dass den theoretischen Größen in der Tat etwas Reales entspricht. Vertreter des *Instrumentalismus* gehen davon aus, dass theoretische Entitäten lediglich nützliche Fiktionen sind, um unsere Beobachtungen zu ordnen. Bei den einen *gibt* es die theoretischen Entitäten, auch wenn wir sie direkt nicht beobachten können; bei den anderen gibt es sie *nicht*, wenn sie sich auch als brauchbare Hilfsmittel der wissenschaftlichen Erkenntnis erweisen. Eine dritte Position nimmt der *Positivismus* ein, der die Legitimität jeder Art von Begriffen, die über die Beobachtungsebene hinausgehen, bestreitet. Diese Position ist jedoch kaum haltbar, da sie einen großen Teil von Begriffen aus der Wissenschaft ausschließen würde, Begriffe, die keine direkte Referenz in der Wirklichkeit haben.

Für die Psychologie stellt sich die Situation noch etwas komplizierter dar. Denn der psychologische Gegenstand weist eine Besonderheit auf, die nur ihm zukommt. Psychische Zustände wie Empfindungen, Schmerzen, Gefühle, Vorstellungen, Erinnerungen oder Gedanken werden *erlebt*. Sie haben eine subjektive Innenseite, die sich von ihrer Außenseite unterscheidet und von außen nicht ohne weiteres beobachtet werden kann. Das ist anders, wenn wir von Atomen, Molekülen oder Genen sprechen. Bei diesen haben wir es mit begrifflichen Konstruktionen zu tun, denen keine erlebnismäßige Innenseite entspricht. Begrifflich sollten wir daher in theoretische, beobachtbare und erlebbare Größen unterscheiden. Was wir erleben ist verschieden von dem, was wir beobachten – sei es bei anderen oder bei uns selber. Und beides ist zu unterscheiden von dem, was wir theoretisch erschließen, um erlebte *oder* beobachtete Phänomene zu erklären.

📖 Weiterführende Literatur

Carrier, M. (2011). *Wissenschaftstheorie zur Einführung* (3., ergänzte Aufl.). Hamburg: Junius.
Mittelstraß, J. (Hrsg.) (2004). *Enzyklopädie Philosophie und Wissenschaftstheorie, 4 Bde.* (Sonderausgabe). Stuttgart: J. B. Metzler.
Poser, H. (2009). *Wissenschaftstheorie. Eine philosophische Einführung*. Stuttgart: Reclam.
Walach, H. (2009). *Psychologie. Wissenschaftstheorie, philosophische Grundlagen und Geschichte. Ein Lehrbuch* (2., aktualisierte Aufl.). Stuttgart: Kohlhammer.

3 Wissen und Wahrheit

Auf die Frage, was unter einer (Real-)Wissenschaft zu verstehen ist, können wir bereits etwas genauer antworten. Wissenschaften wollen uns sagen, was in ihrem Gegenstandsbereich der Fall ist; sie wollen Tatsachen feststellen und bedienen sich dazu im Allgemeinen der sprachlichen Form von Aussagen. Bei der Formulierung ihrer Aussagen erstreben sie begriffliche Klarheit und logische Stringenz, wobei ihnen die (formale) Logik hilft, diesem hohen Anspruch nachzukommen. Im Rahmen von Theorien versuchen sie, zwischen ihren Aussagen Verknüpfungen herzustellen, welche die Erklärung von Tatsachen erlauben.

Beim Entwurf dieses Bildes von Wissenschaft sind wir dem Begriff der Wahrheit begegnet, wobei wir zwei Arten von Wahrheit unterschieden haben: analytische und synthetische Wahrheit (vgl. Kapitel 2.2.2). Analytisch wahr sind Sätze, die aufgrund ihrer Begrifflichkeit oder ihrer logischen Struktur wahr sind, während Sätze synthetisch wahr sind, wenn sie empirischen Gehalt haben, also eine Tatsache zum Ausdruck bringen. Gottfried Wilhelm Leibniz (1646–1716) unterschied in Vernunftwahrheiten und Tatsachenwahrheiten. „Die Vernunftwahrheiten sind notwendig und ihr Gegenteil ist unmöglich; die Tatsachenwahrheiten sind zufällig und ihr Gegenteil ist möglich. Wenn eine Wahrheit notwendig ist, so kann man ihren Grund durch Analyse finden, indem man sie in einfachere Ideen und Wahrheiten auflöst, bis man schließlich zu den elementaren Grundwahrheiten gelangt" (Leibniz, 1975, S. 19). Das ist bei den Tatsachenwahrheiten nicht der Fall, da sie eine empirische Nachprüfung erfordern.

Für Realwissenschaften bildet die Wahrheit im empirischen Sinn ein wichtiges regulatives Prinzip, wie die folgende Äußerung von Willard Van Orman Quine (1908–2000) zeigen kann: „Wahre Sätze [...] sind das Alpha und Omega des wissenschaftlichen Geschäfts" (Quine, 1995, S. 42 – Hervorhebung aufgehoben). Was aber ist Wahrheit im empirischen Sinn? Während unser Verständnis der analytischen Wahrheit bereits ausreichend klar ist (vgl. Kapitel 2.2.2), wissen wir noch sehr ungenau, worin die Wahrheit synthetischer

Sätze besteht. Immerhin haben wir erfahren, dass mit dem Nachweis der Wahrheit aus einem *Sachverhalt* eine *Tatsache* wird. Darauf nimmt auch Leibnizens Begriff der Tatsachenwahrheit Bezug. Wahrheit im empirischen Sinn scheint also mit Tatsachen und dem *Wissen* von Tatsachen zu tun zu haben. Dieser Vermutung wollen wir im Folgenden nachgehen. Dabei bewegen wir uns nicht eigentlich auf dem Gebiet der Wissenschaftstheorie, sondern auf demjenigen der *Erkenntnistheorie*. Es liegt daher nahe, mit einigen Bemerkungen zur Abgrenzung von Erkenntnis- und Wissenschaftstheorie zu beginnen (3.1). Danach erläutern wir den Begriff des Wissens (3.2). Schließlich geben wir einen Überblick über die wichtigsten Wahrheitstheorien (3.3).

3.1 Erkenntnistheorie

Allein schon historisch besteht zwischen Erkenntnis- und Wissenschaftstheorie eine Differenz. Fragen der Erkenntnis reichen weiter zurück als Fragen der Wissenschaft. Naheliegenderweise setzt die Wissenschaftstheorie die Existenz von Wissenschaft voraus. Je nachdem, wie streng man die Kriterien wählt, gibt es Wissenschaft schon seit der griechischen Antike oder erst seit dem 17. Jahrhundert. Während die Geburtsstunde der Wissenschaftstheorie im frühen 20. Jahrhundert liegt (vgl. Kapitel 2.1), reichen die Wurzeln der Erkenntnistheorie in die Antike zurück. Eine systematische Gestalt hat sie aber erst im 17. Jahrhundert gefunden. Im Zuge der Auflösung des antik-mittelalterlichen Weltbildes verschob sich das Hauptinteresse der Philosophie von ontologischen auf erkenntnistheoretische Fragen. Um Auskunft darüber zu geben, was es gibt (Ontologie), scheint es notwendig zu sein, zuvor zu klären, wie wir überhaupt dazu kommen, etwas über die Beschaffenheit der Welt in Erfahrung zu bringen (Erkenntnistheorie). Der Mensch und sein Erkenntnisvermögen rücken in den Vordergrund des philosophischen Interesses.[13]

Eine erste, bis auf den heutigen Tag einflussreiche Antwort auf die Frage nach den Möglichkeiten menschlicher Erkenntnis stammt von René Descartes (1596–1650). Fast zeitgleich mit Descartes legte Francis Bacon (1561–1626) einen

---

[13] Mit der sprachkritischen Wende der Philosophie zu Beginn des 20. Jahrhunderts (vgl. Kapitel 2.1.1) geht schließlich eine weitere Akzentverschiebung einher. Bevor wir fragen können, ob es Dinge der Art X gibt (Ontologie), und bevor wir fragen können, ob wir in der Lage sind, Dinge der Art X zu erkennen (Erkenntnistheorie), müssen wir fragen, was wir unter einem Ding der Art X überhaupt verstehen (Begriffsanalyse). Man kann die Geschichte der Philosophie insgesamt nach diesem Schema periodisieren: Metaphysik (Ontologie), Erkenntnistheorie, Sprachphilosophie (vgl. z. B. Habermas, 2004, S. 240).

erkenntnistheoretischen Entwurf vor, der allerdings weit weniger ausgearbeitet ist als derjenige von Descartes. Von Anfang an war die Erkenntnistheorie in zwei Lager gespalten: ins Lager der *Rationalisten* (Descartes, Leibniz, Spinoza) und in dasjenige der *Empiristen* (Bacon, Locke, Berkeley, Hume). Erkenntnis beruht nach Ansicht der Rationalisten auf Einsichten der Vernunft, während es gemäß den Empiristen die sinnliche Erfahrung ist, die uns über die Wirklichkeit Auskunft erteilt. In beiden Fällen wird die Erkenntnis fundamentalistisch begründet, d. h. der (menschlichen) Erkenntnis soll zu einem unumstößlichen *Fundament* verholfen werden.

Im Bemühen um die *Fundierung* der Erkenntnis zeigt sich der gegenüber der Wissenschaftstheorie umfassendere Anspruch der Erkenntnistheorie. Sie setzt die Existenzberechtigung ihres Gegenstandes nicht einfach voraus, sondern will dessen Legitimität nachweisen. Wo sich die kritische Haltung der Wissenschaftstheorie lediglich so weit erstreckt, wie eine Wissenschaft mit den Mitteln der Logik in eine bessere Form gebracht werden kann (vgl. Kapitel 2.1.2), da stellt die Erkenntnistheorie die Frage nach der Begründung von Erkenntnis. Genau dadurch rückt die Wahrheitsfrage ins Zentrum der erkenntnistheoretischen Betrachtung, während ihr von der Wissenschaftstheorie nur marginale Bedeutung eingeräumt wird. In der Frage nach der Wahrheit liegt nachgerade das Abgrenzungskriterium zwischen Wissenschafts- und Erkenntnistheorie, denn stets „ist das Hauptproblem der Erkenntnistheorie die Frage und Suche nach der Wahrheit gewesen" (Schneider, 2006, S. 14).

3.2 Wissen

Wir haben bisher undifferenziert von Wissen und Erkenntnis gesprochen. Dabei soll es auch bleiben, obwohl man durchaus die Meinung vertreten kann, dass es sich um unterschiedliche Begriffe handelt. Für den synonymen Gebrauch spricht, dass beides geläufige Übersetzungen für den altgriechischen Ausdruck der *episteme* sind.[14] Im Vordergrund der folgenden Analyse steht – auch im Hinblick auf den Begriff der Tatsachenwahrheit, wie er von den Wahrheitstheorien fokussiert wird (vgl. Kapitel 3.3) – der wissenschaftstheoretisch relevante Begriff des Tatsachen- bzw. Faktenwissens. Andere Wissensformen – wie z. B. Orientierungs- oder Heilswissen – spielen in der Wissenschaft keine Rolle.

---

[14] Das erklärt auch, weshalb gelegentlich von Epistemologie statt von Erkenntnistheorie die Rede ist. Die Begriffslage ist allerdings komplex, worauf wir hier nicht eingehen können.

Mit der Darstellung des Wissensbegriffs geben wir zugleich das angekündigte Beispiel für die Methode der Begriffsanalyse (vgl. Kapitel 2.2.1). Wie wir gesehen haben, ist die Begriffsanalyse ein Verfahren, das die Bedeutung von alltäglichen oder wissenschaftlichen Begriffen durch die Rekonstruktion ihres Gebrauchs aufdeckt. Idealerweise werden dabei die *notwendigen* und *hinreichenden* Bedingungen der Bedeutung eines Begriffs freigelegt, womit der Begriff definitiv geklärt wäre. Das gelingt allerdings selten, was sich gerade am Beispiel des Wissensbegriffs belegen lässt.

Die Standardanalyse des Wissensbegriffs nennt drei Bedingungen, denen der Begriff genügen muss. *Erstens* gehört zum Begriff des Wissens, dass man Wissen nur von etwas haben kann, was es tatsächlich gibt. Nach Ansicht der meisten Philosophen lässt sich kein Beispiel finden, bei dem wir sagen würden, eine Person wisse, dass *p*, obwohl *p* gar nicht vorliegt (Ernst, 2007, S. 37).[15] In der (empirischen) *Wahrheit* eines behaupteten Wissensanspruchs liegt demnach eine erste notwendige Bedingung für den Wissensbegriff.

Zweitens würden wir nicht sagen, jemand wisse etwas, wenn er von seinem Wissen nicht überzeugt ist oder sogar Zweifel hat, ob er über Wissen verfügt (Ernst, 2007, S. 56 ff.). In der subjektiven *Überzeugung*, die einer hat, der behauptet, etwas zu wissen, liegt demnach eine zweite notwendige Bedingung für den Wissensbegriff.

Drittens erwarten wir, dass jemand, der vermeint, etwas zu wissen, fähig ist, sein Wissen gegen Einwände zu verteidigen (Baumann, 2002, S. 37 ff.; Ernst, 2007, S. 69 ff.). Was einer weiß, soll er nicht per Zufall wissen, sondern aufgrund von Belegen und Argumenten *rechtfertigen* können. In der Rechtfertigung liegt daher eine dritte notwendige Bedingung für den Wissensbegriff.

Zusammengenommen erlauben die drei Bedingungen, den Wissensbegriff wie folgt zu rekonstruieren: Eine Person *S* weiß, dass *p* genau dann, wenn (1) *p* wahr ist, (2) *S* überzeugt ist, dass *p* der Fall ist, und (3) *S* in ihrer Überzeugung gerechtfertigt ist. Kurz gesagt: Wissen ist gerechtfertigte wahre Überzeugung.

Es wäre schön, wenn der Wissensbegriff damit geklärt wäre. Doch dem ist nicht so, wie wir an einem Beispiel zeigen wollen:[16]

---

[15] Der Ausdruck *wissen, dass p* gibt zu verstehen, dass unser Wissen in Form von Sätzen bzw. Aussagen bzw. Propositionen vorliegt (vgl. Kapitel 2.2.2). Für *p* lässt sich irgendein Sachverhalt einsetzen, dessen Bestehen behauptet wird.

[16] Das Beispiel geht auf Gettier (1963) zurück. In der einschlägigen Literatur wird eine Reihe ähnlicher Beispiele diskutiert (vgl. z. B. Ernst, 2007, S. 70 f.).

> Meier und Huber bewerben sich um eine Stelle. Meier hat gute Gründe anzunehmen, dass Huber (weil er besser qualifiziert ist) den Posten bekommen wird. Zugleich weiß er, dass Huber zehn Münzen in der Tasche hat. Daraus folgert Meier, dass derjenige, der zehn Münzen in der Tasche hat, den Posten bekommen wird. Nun bekommt aber Meier den Posten. Zudem hat auch Meier (ohne dass er dies bemerkt hätte) zehn Münzen in der Tasche. Damit ergibt sich, dass derjenige, der den Posten kriegt, *tatsächlich* zehn Münzen in der Tasche hat. Trotzdem würden wir nicht sagen, Meier habe dies gewusst oder sei in seinem Wissen gerechtfertigt gewesen.

Wie bei einer Wahrsagerin, deren Prognose zutrifft, gilt auch bei diesem Beispiel, dass wir jemandem, der *per Zufall* auf etwas Richtiges stößt, nicht attestieren, dass er etwas weiß. Damit erweisen sich die drei Bedingungen – Wahrheit, Überzeugung und Rechtfertigung – als *nicht* hinreichend, um den Wissensbegriff definitiv zu klären. Fraglich ist aber, was hinzukommen muss, um die Analyse vollständig zu machen. Es gibt verschiedene Versuche, das fehlende Element zu bestimmen, zu überzeugen vermag allerdings keiner (vgl. Baumann, 2002; Ernst, 2007).

Man kann sich allerdings fragen, ob mit dem doppelten Anspruch, Wissen müsse nicht nur *gerechtfertigt*, sondern auch *wahr* sein, nicht zu viel verlangt wird. Schon rein begrifflich besteht eine gewisse Inkongruenz, wenn Wissen einer *Person* zugeschrieben wird, von der erwartet wird, dass sie von ihrem Wissen *überzeugt* ist und ihre Überzeugung *rechtfertigen* kann, wenn vom Wissen aber zugleich gefordert wird, dass es *wahr* sein soll, womit es von der Person *unabhängig* ist. Wird mit der Forderung nach Wahrheit nicht der Gottesstandpunkt (vgl. Kapitel 2.3) kolportiert und die Rückbindung des Wissens an den Menschen gekappt? Würde es nicht genügen, Wissen als *gerechtfertigte Überzeugung* zu explizieren? Ist der Anspruch auf Wahrheit überhaupt eine *notwendige* Bedingung des Wissensbegriffs? Wir wollen diese Fragen vorerst zurückstellen und uns dem Begriff der Wahrheit zuwenden. Denn einiges scheint auch davon abzuhängen, was wir unter Wahrheit verstehen.

3.3 Wahrheit

Wahrheit ist das Gegenteil von Unwahrheit. Wer die Unwahrheit sagt, lügt. Aber mit Lügen hat Wahrheit im *erkenntnistheoretischen* Sinn nichts zu tun, da sie ja – wie wir eben gesehen haben – gerade keinen Bezug zum Subjekt haben soll, das die Wahrheit ausspricht. Wenn wir lügen, dann tun wir dies im Allgemeinen auch im Wissen darum, was die Wahrheit wäre. Deshalb kann man uns für die allfälligen Folgen einer Lüge moralisch oder rechtlich zur Verantwortung ziehen. In erkenntnistheoretischer Hinsicht ist dies nicht möglich. Zwischen dem ethischen und dem erkenntnistheoretischen Sinn von Wahrheit gibt es daher eine klare Differenz. Während wir die Unwahrheit nur sagen können, wenn wir die Wahrheit kennen, ist es oft so, dass wir die Wahrheit gar nicht kennen und daher auch nicht lügen können. Die erkenntnistheoretische Frage nach der Wahrheit liegt daher tiefer als die ethische. Es geht nicht darum, ob wir die Fakten, die wir kennen, richtig darstellen, sondern ob das, was uns als Faktum erscheint, tatsächlich eines ist.

3.3.1 Zitattilgungstheorie der Wahrheit

Fakten sind Tatsachen, und Tatsachen sind Sachverhalte, die der Wirklichkeit entsprechen. Wahrheit hat demnach mit Wirklichkeit zu tun. So kann man es einem der wichtigen neueren Versuche, den Begriff der Wahrheit zu klären, entnehmen. Der Logiker Alfred Tarski (1901–1983) schlägt vor, als wahr anzuerkennen, was der Fall ist (Tugendhat & Wolf, 1983, S. 226 ff.). Dabei geht er explizit von *Sätzen* aus. Wenn wir *sagen*, etwas sei der Fall, dann ist diese Äußerung wahr, sofern die Behauptung, die sie beinhaltet, zutrifft. Wenn wir beispielsweise behaupten „Es gibt ein unbewusstes Psychisches", dann ist diese Behauptung wahr, wenn es ein unbewusstes Psychisches gibt. Das tönt wie eine Trivialität, ist es aber nicht. Denn Tarski vermeidet damit, Wahrheit auf Übereinstimmung (Korrespondenz) von Satz und Wirklichkeit festzulegen. Wahrheit wird nicht einem *Sachverhalt* zugeschrieben, sondern einer *Aussage* über einen Sachverhalt. Das heißt, dass beides – Satz *und* Tatsache – in *sprachlicher* Form vorliegt. Es wäre unzulässig, von einer Tatsache wie von etwas zu sprechen, das sich in der Welt befindet und die Aussage wahr macht (S. 291, Anm. 7). Wahrheit ist nicht Übereinstimmung mit den Tatsachen, sondern eher umgekehrt: Eine Tatsache ist, wenn sich ein Sachverhalt als wahr erweist.

Bei dieser Argumentation zeigt sich der Niederschlag der *linguistischen Wende* der neueren Philosophie (vgl. Kapitel 2.1.1). Der Begriff der Wahrheit wird sprachimmanent festgemacht, ohne dass Bezug genommen würde auf eine wie auch immer konstatierte Beschaffenheit der Wirklichkeit. Man spricht in Bezug auf dieses Wahrheitsverständnis gelegentlich von einer *Zitattilgungstheorie* (Disquotationstheorie) der Wahrheit (Ernst, 2007, S. 51 f.). Damit ist gemeint, dass sich die Wahrheit eines Satzes durch Aufhebung der Anführungs- und Schlusszeichen ergibt, in denen der Satz steht. So ist der Satz „Psychologen sind schlau" genau dann wahr, wenn Psychologen schlau sind. Wenn es gelingt, die Zitatzeichen zu tilgen, darf die Behauptung als wahr gelten (Quine, 1995, S. 112 ff.).

3.3.2 Korrespondenztheorie der Wahrheit

Gegen die Zitattilgungstheorie lässt sich einwenden, sie unterlaufe eine wesentliche Intuition des Wahrheitsbegriffs, nämlich die von der Korrespondenztheorie postulierte Übereinstimmung von Satz und Wirklichkeit. In der klassischen Formulierung, die Thomas von Aquin (um 1225–1274) dem Wahrheitsbegriff gegeben hat, ist Wahrheit *adaequatio intellectus et rei* (Schnädelbach, 2004, S. 180), d.h. Entsprechung von Geist (Bewusstsein) und Sache (Gegenstand). Damit wird der Bereich der Sprache überschritten, denn nun steht nur noch auf einer Seite der erkenntnistheoretischen Gleichung ein sprachlicher Ausdruck, während die andere Seite durch eine sprachfreie Tatsache markiert wird.

Der Einwand gegen das korrespondenztheoretische Verständnis der Wahrheit ist seit jeher, dass wir nicht wissen, wie diese Gleichung aufzulösen ist. Denn wenn Wahrheit Abbildung von Tatsachen im Medium des Bewusstseins oder der Sprache wäre, müssten wir in der Lage sein, Original und Abbild miteinander zu vergleichen. Aber wie machen wir das? Wir können ja nicht die Wirklichkeit in die eine Hand und unser Wissen über die Wirklichkeit in die andere legen und beides gegeneinander abwägen. Die Wirklichkeit ist uns immer nur durch das verfügbar, was wir in der zweiten Hand haben, d.h. sie ist uns nur in Form von Aussagen *über* die Wirklichkeit gegeben, wie auch immer wir zu diesen Aussagen gekommen sind.

Nun muss man allerdings zwischen der Definition des *Begriffs* der Wahrheit und den *Kriterien*, mittels derer die Wahrheit einer Aussage überprüft wird, unterscheiden (Baumann, 2002, S. 150 f.). Im Prinzip kann der Begriff der Wahrheit ohne die Angabe eines Kriteriums der Wahrheitsprüfung definiert werden. Auch wenn sich die Korrespondenztheorie der Wahrheit in der empirischen Umsetzung nicht handhaben lässt, müsste dies nicht gegen sie sprechen. An einer Theorie festzuhalten, die sich nicht dazu äußert, wie man ihre Ansprüche einlösen kann, ist allerdings nicht jedermanns Sache. Zudem kann man sehr wohl der Ansicht sein, Definition und Kriterium der Wahrheit seien nicht völlig voneinander unabhängig. Kann man wirklich *verstehen*, was Wahrheit bedeutet, wenn man keine Ahnung hat, wie sich *feststellen* lässt, ob Wahrheit im konkreten Fall vorliegt oder nicht?[17]

3.3.3 Epistemische Wahrheitstheorien

Eine Alternative zur Korrespondenztheorie bietet die *Kohärenztheorie* der Wahrheit. Nicht die Übereinstimmung mit der Wirklichkeit soll Gewähr bieten, dass unser Wissen wahr ist, sondern dessen innere Stimmigkeit. Von einer einzelnen Aussage lässt sich gar nicht sagen, ob sie wahr oder falsch ist, sondern nur vom Ganzen des Aussagegefüges, sofern es eine systematische Ordnung aufweist (Ernst, 2007, S. 90 ff.). Der Standardeinwand gegen die Kohärenztheorie ist, dass auch Wahngebilde in sich stimmig sein können, trotzdem möchten wir nicht sagen, sie seien wahr. Oder denken wir an Märchen, die in sich zumeist höchst plausibel sind oder Kindern zumindest so vorkommen. Es ist daher unwahrscheinlich, dass eine kohärente Menge von Sätzen bereits ausreichend Garantie bietet, um zwischen wahr und falsch zu unterscheiden. Was wir wissen möchten, ist nicht, ob unser Wissen logisch konsistent ist (davon gehen wir ohnehin schon aus), sondern ob es faktisch zutrifft.

Interessant an der Kohärenztheorie ist jedoch, dass sie rein immanent argumentiert. Während die Korrespondenztheorie der Wahrheit nach der Übereinstimmung mit der *Wirklichkeit* fragt und damit auf ein Stück Ontologie angewiesen ist, verbleibt die Kohärenztheorie im Bereich der Erkenntnis. Sie ist daher ein Beispiel für eine *epistemische* Auffassung der Wahrheit, während die Korrespondenztheorie ein Beispiel für eine *ontologische* Wahrheitstheorie ist (Ernst, 2007, S. 53 ff.; Schnädelbach, 2004, S. 179 f.).

Eine epistemische Theorie der Wahrheit ist auch die *Konsenstheorie*. Sie sieht in der Übereinstimmung der Angehörigen einer wissenschaftlichen Gemeinschaft das Kriterium für Wahrheit. Wo uns niemand widerspricht, wo niemand anderer Meinung ist, da dürfen wir damit rechnen, die Wahrheit gefunden zu haben. Der Standardeinwand gegen die Konsenstheorie ist psychologischer Art. Denn Menschen können sich in Dingen einig sein, die objektiv gesehen falsch sind. Der soziale Druck kann Einigkeit bewirken, wo faktisch Dissens

---

[17] Wir formulieren vorsichtig. Denn das Paradebeispiel einer Definition, bei der Bedeutung und Kriterium zusammenfallen, ist die operationale Definition eines Begriffs, die aber ihre eigenen Probleme hat (vgl. Kapitel 2.2.1).

besteht. Deshalb wird in die Konsenstheorie der Wahrheit zumeist eine Klausel eingebaut, die *ideale* Verhältnisse voraussetzt. Es heißt dann, dass unter der Bedingung einer idealen Sprechsituation (Habermas, 1984, S. 174 ff.), sachkundiger und urteilsfähiger Peers (Kamlah & Lorenzen, 1996, S. 119 ff.) oder eines weit genug vorangetriebenen Forschungsprozesses (Peirce, 1965, S. 268 f.) der Konsens der Wissenschaftler Wahrheit verbürgt. Die Frage ist nur, wie wir feststellen können, ob wir diese idealen Bedingungen bereits erreicht haben oder noch auf sie warten müssen. Die Frage zu beantworten, scheint mindestens so schwer zu sein, wie unser Wissen mit den Tatsachen zu vergleichen.

3.3.4 Zwei Grenztheorien und eine Nicht-Theorie

An der Grenze zwischen einem ontologischen und einem erkenntnistheoretischen Verständnis von Wahrheit liegen die Evidenztheorie und die Erfolgstheorie der Wahrheit. Die *Evidenztheorie* hat eine ähnlich ehrwürdige Vergangenheit wie die Korrespondenztheorie. Besonders prägnant ist sie von Descartes vertreten worden, dem wir bereits als Repräsentanten des erkenntnistheoretischen Rationalismus begegnet sind (vgl. Kapitel 3.1). Rationalisten setzen auf die Vernunft als Erkenntnisquelle. Dementsprechend fordert Descartes (1972), die Erkenntniskraft sei darauf auszurichten, „dass sie über alles, was vorkommt, unerschütterliche und wahre Urteile herausbringt" (S. 3). Die Regel verlangt, dass wir an allem zweifeln, was uns für gewöhnlich verlässlich scheint, nämlich unsere Sinne, unser Körper, unser Gedächtnis, unsere Sprache etc. Der Zweifel findet ein Ende, wenn uns dank der Vernunft bewusst wird, dass wir zwar alles bezweifeln können, nicht aber die Tatsache, *dass* wir zweifeln. Im *Vollzug* des Zweifels gibt es eine Evidenz, die uns als unbezweifelbar wahr erscheint. Descartes' Formel für diese Evidenz lautet bekanntlich: *cogito ergo sum*.

Eine Übersetzung ins Deutsche ist prekär, weil dabei leicht verloren geht, dass es sich effektiv um eine evidente Einsicht und nicht um eine logische Folgerung handelt. Descartes zieht aus seinem Zweifel nicht den *Schluss*, dass er ist („Ich denke, *folglich* bin ich"), sondern nimmt wie auf einen Blick wahr, dass er als Zweifelnder existiert. Die Evidenz hat daher auch keine Dauer. Da er alles in Frage gestellt hat, was ihm bisher vertraut war, kann er die intuitive Einsicht in seine Existenz nirgendwo festmachen. Er *ist* zwar, doch *was* er ist, vermag er nicht zu sagen, da sich die Gewissheit der Erkenntnis auf den Augenblick ihres Vollzugs beschränkt. Wenn er nicht denkt, könnte es sein, dass er „sogleich aufhörte zu sein" (Descartes, 1976, S. 47).

Das Beispiel von Descartes zeigt damit nicht nur, was unter Evidenz zu verstehen ist, sondern auch, wo die Grenzen der Evidenztheorie der Wahrheit liegen. Descartes scheint zwar eine unbezweifelbare Einsicht zu erlangen, deren Gültigkeit aber gänzlich auf den Moment, in dem sie gewonnen wird, begrenzt ist. Die Evidenztheorie der Wahrheit bezieht ihre Plausibilität aus der Angleichung der Erkenntnis an die visuelle Wahrnehmung. Indem Descartes (1965) behauptet, dass unser Erkenntnisvermögen „niemals einen Gegenstand erfassen kann, der nicht, soweit er […] klar und deutlich erkannt ist, wahr wäre" (S. 11), begründet er eine Erkenntnis, „welche dem aufmerkenden Geiste gegenwärtig und offenkundig ist, wie man das klar gesehen nennt, *was dem schauenden Auge gegenwärtig ist*" (S. 15 – Hervorhebung W. H.). Die Evidenztheorie der Wahrheit macht sich damit einer Kategorienverwechslung schuldig, denn Wahrheit ist kategorial etwas von Wahrnehmung verschiedenes. Wahrnehmungen können in der Tat nicht bezweifelt werden; man kann sie höchstens bei nochmaliger Prüfung korrigieren. Insofern sind Wahrnehmungen gewiss – aber deshalb noch lange nicht wahr. Denn auf der Ebene der Wahrnehmungen „kann sich […] die Frage nach der Wahrheit gar nicht stellen" (Habermas, 1984, S. 152). Nur für einen Gott, dem alles unvermittelt und unverzerrt vor Augen liegt, würden Wahrnehmung und Wahrheit zusammenfallen.

Dass es von hier aus nicht weitergeht, haben wir bereits bei Wundt gesehen (vgl. Kapitel 1.3.1). Auch Wundt war bemüht, die Erkenntnis, insbesondere diejenige der Psychologie, auf reine Aktualität zu bauen. Die Psychologie soll das unmittelbare Erleben zum Gegenstand ihrer Forschung haben. Doch methodisch lässt sich eine solche Gegenstandsbestimmung nicht umsetzen. Eine Introspektion des Psychischen *in seinem Vollzug* ist nicht möglich. Die Introspektion ist in Wirklichkeit eine *Retrospektion*, die nicht nur jene Unmittelbarkeit der Evidenz vermissen lässt, die gemäß Descartes Wahrheit verbürgen würde, sondern auch eine Leistung in Anspruch nehmen muss, die Descartes' Zweifel zum Opfer gefallen ist, nämlich die Erinnerungsleistung des Gedächtnisses.

Als Kriterium der Wahrheit liegt die Evidenz weder eindeutig auf subjektiver noch eindeutig auf objektiver Seite, denn im Erlebnis der Evidenz gibt es diese Trennung (noch) gar nicht. Ähnlich unentschieden bezüglich der Differenzierung nach subjektiv und objektiv ist die *Erfolgstheorie* der Wahrheit. Die Wahrheit unseres Wissens ergibt sich nach Ansicht der Erfolgstheorie aus dessen Bewährung im praktischen Tun (Baumann, 2002, S. 177 f.). Wobei nicht die außerwissenschaftliche Praxis gemeint sein muss, denn es gibt auch eine Forschungspraxis, in der sich unser Wissen bewähren muss. Auch hier gibt es einen Standardeinwand, der darin besteht, dass unser Wissen der Praxis zwar dienlich sein mag, ob es dies aber deshalb ist, *weil es wahr ist*, lässt sich daraus nicht ableiten. Auch intuitiv haben wir den Eindruck, dass Wahrheit und Nützlichkeit nicht dasselbe ist. Gerade als Wissenschaftler machen wir nicht selten die Erfahrung, dass unsere Erkenntnisse in der Praxis ganz anders umgesetzt werden, als wir dies selber getan hätten.

Schließlich sei noch eine letzte Wahrheitstheorie erwähnt, die eigentlich keine ist, weil sie die Bedeutung der Wahrheit herunterspielt. Man spricht von einer *deflationistischen* Theorie, der auch die *Redundanztheorie* der Wahrheit zugerechnet werden kann (Baumann, 2002, S. 170 ff.). Vertreter dieser Theorie sind der Meinung, dass man sich vom Wahrheitsbegriff nicht beeindrucken lassen soll. Denn die Wahrheit sei ein Begriff, auf den man ganz gut auch verzichten könne (Ernst, 2007, S. 50 ff.). Und zwar deshalb, weil der Kern des Wahrheitsbegriffs bereits durch andere Begriffe abgedeckt ist. Es wäre, als wollte man beweisen, dass ein weißes Pferd ein Schimmel ist. Ein weißes Pferd *ist* ein Schimmel, sonst würde man nicht von einem Schimmel sprechen. Genauso ist die Wahrheit eine Eigenschaft, die bereits durch andere Merkmale, die wir dem Wissen zuschreiben, abgedeckt und daher redundant ist. Wo wir unser Wissen sorgfältig gewonnen haben, da hat sich – gleichsam unbemerkt – auch die Wahrheit schon eingefunden. Für den Begriff des Wissens folgt daraus, dass wir auf das Kriterium der Wahrheit verzichten können. Wissen ist dann eben doch nichts anderes als gerechtfertigte Überzeugung (vgl. Kapitel 3.2).

3.3.5 Wahrheit nach Menschenmaß

Unser *tour d'horizon* durch verschiedene Wahrheitstheorien zeigt, dass es zurzeit keine Position gibt, die nicht mit ernsthaften Schwierigkeiten zu kämpfen hätte. Das müsste Anlass genug sein, um auf den Wissensbegriff zurückzukommen, und zwar insbesondere auf die Inkongruenz, die uns aufgefallen ist (vgl. Kapitel 3.2). Einerseits wird das Wissen an die Subjektivität des Wissenden zurückgebunden, von dem erwartet wird, dass er von seinem Wissen nicht nur *überzeugt* ist, sondern dieses bei Kritik auch zu *rechtfertigen* vermag. Andererseits soll das Wissen *wahr* sein, und zwar im korrespondenztheoretischen Sinn, womit ihm jede subjektive Beimischung abgesprochen wird.

Wir haben uns gefragt, ob die Ambivalenz des Wissensbegriffs nicht Ergebnis seiner insgeheim theologischen Abkunft ist. Wird mit der Stilisierung des erkennenden Subjekts zum „Spiegel der Natur" (Rorty, 1987) nicht der Gottesstandpunkt kolportiert? Wahrheit als zweistellige Relation zwischen Sätzen und Tatsachen zu verstehen, macht Sinn, wenn das Gegenüber der Welt ein absolutes Wesen ist, dem alles ohne räumliche und zeitliche Einschränkung anschaulich vor Augen liegt. Die Subjektivität Gottes fällt mit der Objektivität der Welt zusammen und kann daher aus der erkenntnistheoretischen Gleichung weggekürzt werden. Erkenntnis scheint sich ohne Bezug auf ein erkennendes Subjekt begründen zu lassen.

Diese Position wird explizit von Popper (1974) vertreten, der die Welt des Wissens allein nach den Regeln der Logik aufzuschließen trachtet. Erkenntnis hat demnach mit Subjektivität nichts zu tun, sondern „ist völlig unabhängig von irgend jemandes Erkenntnisanspruch, ebenso von jeglichem Glauben oder jeglicher Disposition, zuzustimmen, zu behaupten oder zu handeln. Erkenntnis im objektiven Sinne ist *Erkenntnis ohne einen Erkennenden*: es ist *Erkenntnis ohne erkennendes Subjekt*" (S. 126). Popper beansprucht damit, den *Begriff* der Wahrheit rekonstruiert zu haben, kann aber kein *Kriterium* nennen, wie sich der Begriff einlösen lässt. Das führt ihn dazu, in der Wahrheit (im Sinne der Korrespondenz von Aussage und Tatsache) eine bloße *regulative Idee* zu sehen (S. 42). Die Wahrheit lässt sich zwar suchen, aber nicht finden. Genauer gesagt, könnten wir die Wahrheit zwar finden, aber wären nicht in der Lage, dies festzustellen, da uns dazu die Kriterien fehlen. Offensichtlich lässt sich der Mensch nicht im gleichen Sinn aus der erkenntnistheoretischen Gleichung wegkürzen wie Gott. Welchen Sinn macht es dann, am Korrespondenzbegriff der Wahrheit festzuhalten?

Günther (1991) hat verschiedentlich darauf hingewiesen, dass unsere erkenntnistheoretische Begrifflichkeit von einer zweistelligen Logik geprägt ist, die nur die Unterscheidung von Subjekt und Objekt kennt.[18] Erkenntnis, insofern sie Erkenntnis von *Menschen* ist, wird jedoch im Rahmen einer zweistelligen Logik falsch begriffen. Der Erkenntnistheorie ist eine dreistellige Logik zu unterlegen, die nicht von der Dichotomie von Gott (Ich) und Welt (Es) ausgeht, sondern von der Trichotomie von Ich, Du und Es (S. 109 ff.). Subjektivität im *menschlichen* Sinn ist mehrfach vorhanden, nämlich nicht nur als Ich-Subjektivität, sondern auch als Du-Subjektivität. Anders als die Subjektivität Gottes und ihr Abglanz in den ontologischen Wahrheitstheorien existiert die Subjektivität des Menschen im Plural. Damit kann die Wahrnehmung definitiv nicht Modell der Wahrheit sein. Menschliches Erkennen ist *gemeinsames* Erkennen, das unvermeidlich an Kommunikation gebunden ist (vgl. Kapitel 5). Schließen wir das Kapitel daher mit Putnam (1990), der meint, die Wahrheit – im Sinn eines zutreffenden Sachverhalts – empfange ihr Leben „von unseren Kriterien

---

[18] Günther spricht von einer *zweiwertigen* Logik, was jedoch missverständlich ist.

rationaler Akzeptierbarkeit" (S. 176). Diese seien es, „die wir in Augenschein nehmen müssen, wenn wir die Werte entdecken wollen, die [...] in der Wissenschaft enthalten sind".

> 📖 Weiterführende Literatur
>
> Craig, E. (1993). *Was wir wissen können. Pragmatische Untersuchungen zum Wissensbegriff.* Frankfurt a. M.: Suhrkamp.
> Ernst, G. (2007). *Einführung in die Erkenntnistheorie.* Darmstadt: Wissenschaftliche Buchgesellschaft.
> Rorty, R. (1987). *Der Spiegel der Natur. Eine Kritik der Philosophie.* Frankfurt a. M.: Suhrkamp.
> Weizsäcker, C. F. von (1992). *Zeit und Wissen.* München: Hanser.

4 Vom Logischen Empirismus zum Kritischen Rationalismus

Die Auseinandersetzung mit dem Wissensbegriff und die Diskussion relevanter Wahrheitstheorien im vorangehenden Kapitel zeigen, dass der Anspruch an eine Wissenschaft, ihren Aussagen nicht nur begriffliche Klarheit und logische Stringenz, sondern auch empirischen Gehalt zu geben, nicht leicht einzulösen ist. Denn wie gewinnen wir Kontakt mit der Wirklichkeit? Wie müssen wir uns diesen Kontakt überhaupt vorstellen? Von der Widerspiegelung von Tatsachen in unserem Bewusstsein oder von ihrer Abbildung in unserer Sprache können wir jedenfalls nicht ausgehen. Wie aber wird dann aus der Behauptung eines psychologischen Sachverhalts die Konstatierung einer psychologischen Tatsache?

Noch haben wir uns vor allem mit begrifflichen Fragen beschäftigt. Ganz im Sinne des *linguistic turn* der modernen Philosophie, wonach wir zuerst einmal verstehen sollten, wovon überhaupt die Rede ist, bevor wir uns mit weitergehenden Themen befassen. Zwar haben wir bei der Auseinandersetzung mit dem Wahrheitsbegriff auch nach *Kriterien* der Einlösung von Wahrheitsansprüchen gefragt, doch die Antworten, die wir erhalten haben, sind relativ abstrakt geblieben (Evidenz, Kohärenz, Konsens, Korrespondenz, Nutzen u. Ä.). In diesem Kapitel wollen wir daher konkreter werden und den beiden klassischen Antworten auf die Frage, was der Erkenntnis Kontakt mit der Wirklichkeit verschafft, nachgehen: den Antworten des Empirismus und des Rationalismus.

In der Wissenschaftstheorie begegnen uns die beiden Antworten nicht in Reinkultur, sondern in zwei gemischten Formen, nämlich als *Logischer Empirismus* (4.1) und als *Kritischer Rationalismus* (4.3). Am Beispiel des Logischen Empirismus wollen wir zudem zeigen, wie wissenschaftstheoretische Positionen in der Psychologie aufgenommen werden (4.2).

4.1 Logischer Empirismus

Wie wir bereits gesehen haben, ist der Logische Empirismus im *Wiener Kreis* entwickelt worden (vgl. Kapitel 2.1). Statt von Logischem *Empirismus* ist auch von Logischem *Positivismus* die Rede. Neben Moritz Schlick (1882–1936) waren die wichtigsten Mitglieder des *Wiener Kreises* Otto Neurath (1882–1945) und Rudolf Carnap (1891–1970).

> **Positivismus oder Empirismus?**
>
> Der Positivismus lässt als Erkenntnis nur gelten, was uns positiv gegeben, d. h. durch sinnliche Erfahrung direkt nachweisbar ist. Theoretische Begriffe, die keine Verankerung in der unmittelbaren Erfahrung haben, werden abgelehnt. Die Bezeichnung *Positivismus* geht auf Auguste Comte (1798–1857) zurück. Positivistische Tendenzen sind aber überall nachweisbar, wo die Erkenntnis im Erleben oder in den phänomenalen Gegebenheiten verankert wird, so auch in der Phänomenologie. Die Abgrenzung zum Empirismus ist nicht einfach, lässt sich aber dahingehend vornehmen, dass der Positivismus eine extreme Variante des Empirismus darstellt, die jede Art von unbeobachtbaren Entitäten ablehnt, während im (neueren) Empirismus theoretische Größen (wie zum Beispiel Elektronen oder Protonen) akzeptiert werden. In diesem Sinn wird gelegentlich in eine frühe, *positivistische* und eine späte, *empiristische* Phase des *Wiener Kreises* unterschieden, wobei die Trennlinie im Verzicht auf das Verifikationsprinzip (vgl. Kapitel 4.1.1) liegt. Wir machen diese Unterscheidung im Folgenden nicht.

Charakteristisch für den Logischen Empirismus ist, dass zwei Arten von Aussagen als wissenschaftlich legitim anerkannt werden: solche, die analytisch wahr sind, und solche, die synthetisch wahr sind (vgl. Kapitel 2.1.1 und 2.2.2). Anders als der klassische Empirismus, der die Erkenntnis ganz auf Erfahrung zurückführen will, anerkennt der Logische Empirismus die Notwendigkeit einer zusätzlichen Grundlage der Erkenntnis. Sehr klar wird diese Position von Hans Hahn (1879–1934) vertreten: „[...] weil die Sätze der Logik und Mathematik absolut allgemein gelten, weil sie apodiktisch sicher sind, weil es so sein muss, wie sie sagen, und nicht anders sein kann, können diese Sätze nicht aus der Erfahrung stammen" (Hahn, 1988, S. 146). Weil Logik und Mathematik nicht von realen Dingen handeln, für die Begründung einer Realwissenschaft aber notwendig sind, liegt der Logische Empirismus näher beim Rationalismus als der Empirismus von Locke oder Hume. Diese Nähe kann auch einer Bemerkung von Neurath (1979, S. 127 f.) entnommen werden, wonach der Ausdruck *Empirischer Rationalismus* als Synonym für den Begriff des Logischen Empirismus verwendet werden könne.

Logik und Erfahrung sind die beiden Kriterien wissenschaftlicher Erkenntnis, die der Logische Empirismus als legitim anerkennt, was Philipp Frank (1884–1966) geradezu apodiktisch bestätigt: „Es gibt zwei Arten von Aussagen, die man als sinnvoll bezeichnen kann. Erstens: Sätze, die über die wirkliche Welt etwas aussagen, wie ‚dieser Tisch ist blau', und zweitens: Sätze der Logik und Mathematik, die aussagen, welche Behauptungen einander äquivalent sind, also durch tautologische Umformungen aus einander hervorgehen" (Frank, 1988, S. 32). Wenn Frank von *sinnvollen* Sätzen spricht, dann spielt er auf das *Sinnkriterium* an, das vom Logischen Empirismus behauptet wurde, aber schließlich vollständig zurückgenommen werden musste.

4.1.1 Vom Phänomenalismus zum Physikalismus

Das Sinnkriterium steht in Verbindung mit dem *Verifikationsprinzip*, das nach Auffassung der Logischen Empiristen für den Kontakt empirischer Aussagen mit der Wirklichkeit verantwortlich ist. Ob empirische (synthetische) Sätze sinnvoll sind oder nicht, entscheidet sich daran, ob sie verifizierbar sind oder nicht. Durch Verifikation wird festgestellt, ob ein Satz wahr oder falsch ist. Dabei ist der Akt der Verifikation immer von derselben Art: „[...] es ist das Auftreten eines bestimmtes Sachverhaltes, das durch Beobachtung, *durch unmittelbares Erlebnis* konstatiert wird" (Schlick, 1930/31, S. 7 – Hervorhebung W. H.). Hier zeigt sich der Positivismus des frühen *Wiener Kreises*. Alle noch so komplizierten Sätze einer Wissenschaft müssen sich auf Erlebnisse zurückführen lassen. „Jede sinnvolle Aussage über noch so entlegene Gegenstände oder über noch so komplizierte wissenschaftliche Begriffe muss sich übersetzen lassen in eine Aussage, die von meinen eigenen Erlebnisinhalten, und zwar meist von meinen Wahrnehmungen spricht" (Carnap, 2004, S. 58). Letztlich ruht die ganze Wissenschaft in ihrer unermesslichen Schwere auf den subjektiven Erlebnissen, die der einzelne Forscher in sich vorfindet. Wiederum ist es Hahn (1930/31), der für die Position des frühen *Wiener Kreises* besonders deutliche Wort findet: „Das einzig Gegebene ist für uns das *individuell Wahrgenommene*, das unmittelbar von mir Erlebte, und Sinn kommt nur dem zu, was in letzter Linie auf Gegebenes zurückführbar ist, aus Gegebenem konstituiert werden kann" (S. 97 f.).

Diese *phänomenalistische* (im Erleben des Einzelnen verankerte) Begründung der wissenschaftlichen Erkenntnis erstaunt. Denn sie deckt sich weitgehend mit der Konstituierung der Psychologie durch Wundt (vgl. Kapitel 1.3.1). Aber wie Wundt sehen sich die Vertreter des (frühen) *Wiener Kreises* mit dem Problem konfrontiert, dass das subjektive Erleben keine stabile Basis für eine Wissenschaft abgeben kann. Zudem tappen sie in die Falle der Evidenztheorie der Wahrheit, die zwar Gewissheit verspricht, diese aber nur für den Moment des Evidenzerlebnisses garantieren kann (vgl. Kapitel 3.3.4). Das Hauptproblem liegt in der Frage, wie die als unvermittelt erachteten Erlebnisse in Sätze überführt werden können, die erlauben, über Wahrgenommenes bzw. Erlebtes zu kommunizieren. Sätze sind Teil einer Sprache, die über den Horizont der individuellen Subjektivität hinausreicht, da niemand für sich selber eine Sprache erfinden kann, um sich mit anderen zu verständigen.

Es war Wittgenstein (2006b), der in seiner Spätphilosophie die Unmöglichkeit einer Privatsprache nachgewiesen hat. Sein Argument ist nicht, dass eine Privatsprache auf der Basis einer etablierten öffentlichen Sprache nicht kreiert werden könnte – das wäre durchaus möglich. Sein Argument ist, dass eine private Sprache gleichsam *ab ovo* nicht geschaffen werden kann (S. 356 ff.). Und zwar deshalb nicht, weil ich bei der Einführung der Wörter dieser Sprache auf mich allein gestellt wäre und damit kein Außenkriterium zur Hand hätte, um zu prüfen, ob ich ein Wort, das ich eingeführt habe, bei seinem nächsten Gebrauch korrekt verwende. Ohne ein solches Kriterium ist ein regelgeleitetes Sprechen aber nicht möglich. Denn wo eine Regel und nicht nur eine Regelmäßigkeit besteht, muss festgestellt werden können, ob der Regel gefolgt wird oder nicht. Und es muss möglich sein, denjenigen, der die Regel verletzt, zu korrigieren. Dazu bedarf es *öffentlicher* Kriterien. Zu unterscheiden, ob ich einer Regel folge, oder nur *glaube*, ihr zu folgen, vermag ich im Alleingang nicht, da mir die Außenperspektive fehlt, die allererst feststellen lässt, ob jemand ein Wort konsistent gebraucht oder nicht. Wenn es aber schon nicht möglich ist, für den *Privatgebrauch* eine Sprache zu erfinden, dann ist es umso weniger möglich, selber eine Sprache zu kreieren, mit der man sich *mit anderen* verständigen kann.

Carnap hat die Ausweglosigkeit seiner Situation eingesehen, auch wenn ihm die Argumente Wittgensteins erst später bekannt wurden.[19] Es war daher nicht Wittgenstein, sondern Neurath, der ihn vom Phänomenalismus abge-

---

[19] Wittgensteins *Philosophische Untersuchungen* erschienen erst posthum im Jahre 1953.

bracht und einer *physikalistischen* Position zugeführt hat. Wissenschaftliche Begriffe beziehen sich nicht auf Erlebnisse oder Sinnesdaten, sondern auf Eigenschaften und Beziehungen von raum-zeitlich identifizierbaren Gegenständen oder Ereignissen. Diese lassen sich in einer Sprache beschreiben, wie sie in der Physik verwendet wird. Der Logische Empirismus „in seiner radikalsten Form" (Neurath, 1992, S. 29) spricht daher „nicht von ‚Erlebnissen', auf die Sätze zurückgeführt werden, [auch] nicht von ‚Erfahrungen' usw.", da dergleichen sprachlich gar nicht ausgedrückt werden kann, „sondern [...] von *Beobachtungssätzen*, aus denen andere Sätze abgeleitet werden können" (Hervorhebung W. H.). An der Basis der Wissenschaft liegen nicht Erlebnisse oder Phänomene, sondern *Aussagen* in Form von Protokollen über raum-zeitlich identifizierbare Beobachtungen.

Damit wird der Fundamentalismus, durch den der Logische Empirismus bisher ausgezeichnet war, ebenso aufgegeben, wie das Verifikationsprinzip und das Sinnkriterium ihre Grundlage verlieren. Denn anders als Erlebnisse, die wir aufgrund ihrer Unmittelbarkeit als unkorrigierbar empfinden, sind sprachliche Äußerungen immer korrigierbar, damit aber auch intersubjektiv *überprüfbar*. Es gibt in der Wissenschaft keine unabänderliche Basis: „Es gibt kein Mittel, um endgültig gesicherte saubere Protokollsätze zum Ausgangspunkt der Wissenschaften zu machen. Es gibt keine tabula rasa. Wie Schiffer sind wir, die ihr Schiff auf offener See umbauen müssen, ohne es jemals in einem Dock zerlegen und aus besten Bestandteilen neu errichten zu können" (Neurath, 1932/33, S. 206 – Hervorhebung aufgehoben). Das ist eine deutlich andere Metaphorik als die von Schlick und Carnap bevorzugte, die sich an Bildern wie Aufbau und Fundament orientiert. Da die Wissenschaft von realen Menschen betrieben wird, die ein irdisches Leben führen, können wir keinen Punkt außerhalb unserer selbst namhaft machen, „von dem aus wir alles, uns selbst eingeschlossen, betrachten könnten" (Neurath, 1979, S. 131). Der archimedische Punkt ist in der Wissenschaft genauso wenig zu haben wie der Standpunkt Gottes.

Der Physikalismus, zu dem der *Wiener Kreis* in seiner Spätphase gefunden hat, meint nicht, dass die einzelnen Wissenschaften keine eigenen Begriffe haben. Er meint lediglich, dass die Begriffe der Disziplinen so beschaffen sein müssen, dass sie auf physikalische Begriffe *zurückgeführt* werden können.[20] Auch die Sprache der Psychologie ist so zu gestalten, dass sie in die

---

[20] Hier knüpft das Programm der *Einheitswissenschaft* an, das die Logischen Empiristen auf der Basis ihrer Wende zum Physikalismus entwickelten (vgl. Schulte & McGuinness, 1992). *Jede* Aussage *jeder* Wissenschaft soll sich in physikalische Ausdrücke übersetzen lassen.

Sprache der Physik übersetzbar ist. Und zwar soll dies *ohne Bedeutungsverlust* geschehen. Als Begründung führt Carnap (1932/33) an, „dass alle Sätze der Psychologie von physikalischen Vorgängen sprechen, nämlich von dem physischen Verhalten von Menschen und anderen Tieren" (S. 107 – Hervorhebung aufgehoben). Daraus ergibt sich die These: „[...] *die Psychologie ist ein Zweig der Physik*" (S. 142).

So sah es auch Carl Gustav Hempel (1906–1997): „All psychological statements which are meaningful [...] are translatable into statements which do not involve psychological concepts, but only the concepts of physics" (Hempel, 1980, S. 18 – Hervorhebung aufgehoben). Woraus er schließt, „that all the circumstances which verify [a] psychological statement are expressed by physical test sentences" (S. 17). Bedingt durch die scheinbar problemlose Übersetzbarkeit von Psychologie in Physik gibt es für Hempel auch kein Körper-Geist-Problem: „[...] the psycho-physical problem is a pseudo-problem" (S. 20 – Hervorhebung aufgehoben).

Dass der Logische Empirismus in Bezug auf die Reduzierbarkeit psychologischer auf physikalische Begriffe Recht haben könnte, ist unwahrscheinlich. Denn wie ließe sich feststellen, dass eine Aussage über ein psychisches Phänomen mit einer Aussage über ein physisches Phänomen *tatsächlich* bedeutungsgleich ist? Dieser Nachweis ist bis auf den heutigen Tag noch niemandem gelungen (Beckermann, 2008, S. 86 ff.). Was wesentlich damit zu tun hat, dass das Psychische eine Innenseite hat, die sich physikalisch nicht beschreiben lässt. Dass ein Erlebnis wie Freude oder eine Empfindung wie Schmerz *ohne Bedeutungsverlust* in einer physikalischen Beschreibung aufgelöst werden könnten, scheint uns auch intuitiv unplausibel zu sein. Wer Zahnschmerzen hat, zeigt nicht nur bestimmte Körperbewegungen, die physikalisch objektiv messbar wären, sondern erlebt auch einen spezifischen subjektiven Zustand. Zu behaupten, das eine sei mit dem anderen bedeutungsgleich, ist nicht nur kühn, sondern schlicht falsch. „Es ist unmöglich, mentale Ausdrücke zirkelfrei in physikalischer Sprache zu definieren" (S. 90 – Hervorhebung aufgehoben).

4.1.2 Kritik am Logischen Empirismus

Der Logische Empirismus hat mit einer Reihe von Problemen zu kämpfen, die bis heute ungelöst sind. Einige haben wir bereits angesprochen; zwei weitere sollen noch zur Sprache kommen.

Begründungsdefizit. Wie wir gesehen haben, erachten Logische Empiristen nur zwei Sorten von Sätzen für sinnvoll: solche, die aufgrund ihrer Form wahr sind, und solche, die es wegen ihres empirischen Gehalts sind. Aber zu welcher Art von Sätzen gehören die Sätze, mit denen die Logischen Empiristen die Zweiteilung sinnvoller wissenschaftlicher Sätze begründen? Synthetische Sätze können es nicht sein, denn damit würde der Devise, wonach die Philosophie kein „eigenes Erkenntnisgebiet neben oder über der empirischen Wissenschaft" (Carnap, 2004, S. 63) sei, widersprochen. Analytische Sätze können es aber auch nicht sein, da sie dann ohne jeden informativen Gehalt wären, also nichts aussagen würden. Es liegt nahe, den Logischen Empiristen vorzuwerfen, sie seien nicht in der Lage, ihre wissenschaftstheoretische Position rational zu begründen.

Soziale Basis der Erkenntnis. Was begründet nach dem Wegfall des Verifikationsprinzips die Gültigkeit wissenschaftlicher Aussagen? Während Schlick (1934) bis zu seinem frühen Tod auf „dem Wunsche nach absoluter Gewissheit der Erkenntnis" (S. 79) insistiert hatte und die Erkenntnis auf „eine unerschütterliche Grundlage, [...] die allem Zweifel entzogen ist", stellen wollte, mussten diese fundamentalistischen Ambitionen mit der Wende zum Physikalismus preisgegeben werden. Wann aber kann unter diesen Umständen eine wissenschaftliche Aussage, und sei es nur ein Protokollsatz, als wahr akzeptiert werden? Wenn zwischen Satz und Wirklichkeit keine Korrespondenz hergestellt werden kann (sei es durch ein singuläres Erlebnis, sei es durch eine unabweisbare Evidenz), dann vermag der einzelne Forscher nicht zu *sehen*, ob eine Aussage wahr ist oder nicht. Vielmehr bedarf es des *Entschlusses*, um festzulegen, was vorliegt. Neurath (1979) machte kein Federlesen aus diesem Umstand: „Alle Realsätze der Wissenschaft, auch jene Protokollsätze, die wir zur Kontrolle verwenden, werden aufgrund von Entschlüssen ausgewählt" (S. 104). Ein solcher Entschluss kann aber nicht von einem Forscher *allein* getroffen werden; vielmehr bedarf er des Rückhalts in der Gemeinschaft der Peers. Das aber heißt, dass sich die wissenschaftliche Erkenntnis *an ihrer Basis* als ein soziales Unternehmen herausstellt.

4.2 Der Logische Empirismus und die Psychologie

Die Stellungnahmen von Carnap und Hempel zur Psychologie zeigen eine große Nähe zum Behaviorismus. Carnap (1932/33) weist selber darauf hin, dass seine Ansichten „mit der Richtung der Psychologie, die als ‚Behaviorismus' oder ‚Verhaltenspsychologie' bezeichnet wird, in den Hauptzügen überein(stimmt)" (S. 124). Anderswo heißt es, der Versuch der behavioristischen Psychologie, „alles Psychische in dem Verhalten von Körpern, also in einer der Wahrnehmung zugänglichen Schicht, zu erfassen" (Neurath, 1979, S. 97f.), stehe in seiner grundsätzlichen Einstellung der Auffassung des *Wiener Kreises* nahe. Tatsächlich stimmen die Auffassungen der Logischen Empiristen und der Behavioristen bezüglich des Wissenschaftscharakters der Psychologie weitgehend überein. John Watson (1878–1958), der Begründer der behavioristischen Psychologie, reagierte auf die Experimentalpsychologie von Wundt mit der Attitüde radikaler Zurückweisung. Er erklärte die Bewusstseinspsychologie für bankrott und empfahl einen radikalen Neuanfang. Die Disziplin sei auf ein besseres Fundament zu stellen, denn in den mehr als fünfzig Jahren ihres Bestehens habe sie „deutlich versagt, sich in der Welt eine Stellung als unbestrittene Naturwissenschaft zu schaffen" (Watson, 1968, S. 17). Eine naturwissenschaftliche Psychologie habe Begriffe wie Bewusstsein, Empfindung, Wahrnehmung, Vorstellung, Wunsch, Absicht, ja selbst Denken und Fühlen aus ihrem Vokabular zu streichen. Folglich ist die Psychologie auch nicht auf eine eigene Methode angewiesen. Der Introspektion bedarf sie „genauso wenig [...] wie etwa [die] Chemie und [die] Physik" (S. 27). Indem er das Bewusstsein aus der Psychologie verbannte, fand Watson zu einer *physikalistischen* Position. „Die Ergebnisse der Psychologie werden zu funktionalen Korrelaten der (organischen) Struktur und bieten sich für eine Erklärung in physiko-chemischen Begriffen an" (S. 28).

Bei Watson ist allerdings noch kein Einfluss des Logischen Empirismus nachweisbar. Erst in der zweiten Generation von Behavioristen änderte sich die Situation, was wesentlich damit zu tun hat, dass die meisten Mitglieder des *Wiener Kreises* ab Mitte der 1930er-Jahre zur Emigration gezwungen waren. Dabei wurde die Mehrzahl der Flüchtenden von den USA aufgenommen (vgl. Stadler, 1997, S. 607ff.). Psychologen, die als Behavioristen bezeichnet werden können oder dem Behaviorismus nahe standen – wie Clark L. Hull, Howard H. Kendler, Paul E. Meehl, Kenneth W. Spence, Stanley S. Stevens und Edward C. Tolman – waren für die wissenschaftstheoretischen Konzepte der Logischen Empiristen empfänglich (Leahey, 1994, S. 196ff., 200f.; Smith, 1986; Toulmin & Leary, 1985, S. 602ff.). Eine besonders enge Beziehung oder auch nur ein mehr als oberflächlicher Austausch zwischen Behavioristen und Logischen Empiristen fand aber trotzdem nicht statt.

Wie der Logische Empirismus von der (amerikanischen) Psychologie aufgenommen wurde, sei an einem Beispiel etwas näher illustriert. In ihrem Buch über die Sprache der Psychologie *(The Language of Psychology)* unterscheiden Mandler und Kessen (1959) drei Ebenen der Wissenschaftssprache: eine Ebene der Protokollierung von Beobachtungen, eine Ebene niedriger Verallgemeinerungen und eine theoretische Ebene. Aussagen der Protokollsprache gehören zu den einfachsten Sätzen in der Psychologie. „They state invariantly what does or does not take place" (S. 124). Aussagen der höheren Ebenen müssen mit der Protokollebene in Verbindung stehen: „However complex theories may be, they all rest on statements of evidence, on the protocol sentences of a science" (S. 166). Der Protokollsprache wird abverlangt, der wissenschaftlichen Erkenntnis eine stabile Basis zu geben: „[...] protocol statements represent the end point of intersubjective agreement – whatever arguments may exist on more abstract levels of scientific language, there must be no argument about protocol statements or else a science cannot exist" (S. 167). Offensichtlich insistieren die Autoren auf einer Position, die im *Wiener Kreis* – zumindest von Neurath und Carnap – bereits in den 1930er-Jahren aufgegeben wurde.

Interessant ist allerdings, wie Mandler und Kessen (1959) die Protokollsprache verstehen. Weder knüpfen sie an Carnaps ursprünglichem Phänomenalismus noch an seinem späteren Physikalismus an. Vielmehr argumentieren sie *behavioristisch*, indem sie die Protokollsprache als Ergebnis von verbalen Lernprozessen deuten. Kriterium, ob ein psychologischer Begriff der Protokollsprache angehört oder nicht, ist nicht sein Bezug zur Wirklichkeit, sondern die *Konsistenz seines Gebrauchs*: „[...] the only [...] requirement for the vocabulary of protocol statements is a high degree of intra- and inter-scientist consistency for all relevant events. [...] its words [...] must show high consistency of usage from user to user and from occasion to occasion" (S. 44 f.). Das ermöglicht den Autoren, auch Ergebnisse von Messoperationen, ja selbst statistische Daten in die Protokollsprache aufzunehmen.

Das Beispiel zeigt den kreativen Umgang, den Psychologen mit den Vorgaben des Logischen Empirismus pflegten. Wobei die Position von Mandler und Kessen (1959) nicht sehr weit von dem entfernt ist, was auch heutige Psychologen wissenschaftstheoretisch vertreten. Das gilt nicht zuletzt für die Akzeptanz theoretischer Begriffe, die von Mandler und Kessen solange zugelassen werden, wie sie in Beziehung zu anderen Begriffen stehen, die ihre Bedeutung klären und die Ableitung von prüfbaren Hypothesen erlauben. Damit knüpfen sie an einem einflussreichen Aufsatz von MacCorquodale und Meehl (1948) an, der ebenfalls von Gedanken des Logischen Empirismus durchwirkt ist und auf den wir noch zu sprechen kommen werden (vgl. Kapitel 8.3.1).

4.3 Kritischer Rationalismus

Die Probleme des Logischen Empirismus bestätigen nochmals, dass die Frage, wie eine Realwissenschaft Kontakt mit der Wirklichkeit gewinnt, nicht leicht zu beantworten ist. Eine Rückführung wissenschaftlicher Aussagen „auf einfachste Aussagen über empirisch Gegebenes" (Neurath, 1979, S. 88) scheint nicht möglich zu sein, da zwischen dem sinnlich Gegebenen und seiner sprachlichen Darstellung ein logischer Hiatus besteht. Auch die Rückführung wissenschaftlicher Begriffe „bis hinab zu den Begriffen niederster Stufe, die sich auf das Gegebene selbst beziehen" (S. 90), steht vor dem Problem, dass das sinnlich Gegebene nicht bruchlos in Sprache übersetzt werden kann.

Noch vor dem allmählichen Niedergang des Logischen Empirismus, der schließlich zu seiner Auflösung führte, hat Karl Popper (1902–1994) mit seiner *Logik der Forschung* (1935) einen wissenschaftstheoretischen Gegenentwurf vorgelegt, der für sich in Anspruch nahm, den Problemen des Logischen Empirismus gewachsen zu sein. Popper drehte die Argumentation der (frühen) Logischen Empiristen gewissermaßen um: Wissenschaft baut nicht auf die Konstatierung von sinnlich Gegebenem, sondern beginnt mit dem Entwurf kühner Theorien. Um seine Position zu bezeichnen, wählte Popper konsequenterweise den traditionellen Gegenbegriff des Empirismus und sprach von einem *Kritischen Rationalismus*.

4.3.1 Wissenschaft als Tätigkeit

Charakteristisch für den Kritischen Rationalismus ist der Vorrang theoretischer gegenüber empirischen Aussagen. Wo Schlick (1934) die Wissenschaft auf einem Fels errichten wollte, „welcher *vor* allem Bauen da ist und selber nicht wankt" (S. 79), da ruht die Wissenschaft für Popper (1989, S. 76) auf Pfählen, die sich von oben in einen Sumpf senken, ohne einen letzten Grund zu erreichen. Die positivistische Metaphorik der *Fundierung* der Erkenntnis wird endgültig aufgegeben. Weder gibt es eine theoriefreie Beobachtung noch eine theoriefreie Sprache, womit auch der Gegensatz zwischen empirischen und theoretischen Sätzen seinen Sinn verliert. Wir können nicht von Sinnesdaten oder Wahrnehmungen ausgehen und unsere Theorien darauf aufbauen, „denn es gibt überhaupt keine Sinnesdaten oder Wahrnehmungen, die nicht auf Theorien beruhen" (Popper, 1974, S. 165).

Wenn sich unser Wissen induktiv nicht begründen lässt, dann bleibt als Alternative nur die deduktive Begründung der wissenschaftlichen Erkennt-

nis. Die deduktive Logik, auf die sich Popper allein stützt, ist eine Theorie der Ableitbarkeit, bei der die Wahrheit ohne Bedeutungsverlust von den Prämissen auf die Konklusion transferiert wird (vgl. Kapitel 2.2.3). Zur Ableitbarkeit gehört wesentlich „die Übertragung der Wahrheit und die Rückübertragung der Falschheit" (Popper, 1974, S. 332). Diese Eigenschaft der deduktiven Logik lässt sich für den Vorgang des *Beweisens* nutzen, denn die Falschheit einer Konklusion „wird [...] auf (mindestens) eine der Prämissen zurückübertragen".
Die Logik der Forschung erweist sich damit als einfacher Vorgang. Aus allgemeinen Sätzen (Theorien, Hypothesen u. Ä.) werden per Deduktion singuläre Sätze abgeleitet, die empirisch geprüft werden. Da sich die Induktion erkenntnistheoretisch nicht begründen lässt, hat die Verifikation forschungslogisch keine Bedeutung. Dagegen folgt aus der Falsifikation eines singulären Satzes, dass einer der allgemeinen Sätze, von denen der Forscher ausgegangen ist, falsch sein muss. Die negative Auszeichnung eines allgemeinen Satzes ist das Einzige, was sich mit Hilfe der wissenschaftlichen Methode erreichen lässt. Eine *Positivität* hinsichtlich unseres Wissens ist nicht möglich (Popper, 1974, S. 33).[21]

Unangetastet bleiben bei dieser Argumentation der Stellenwert der Logik und der Erfahrungsbezug der Wissenschaft. Popper gibt *im Prinzip* dieselbe Antwort auf die Frage, was unter einer Wissenschaft zu verstehen ist, wie die Vertreter des Logischen Empirismus. Wissenschaften bestehen *erstens* aus Sätzen, die eine logische Ordnung aufweisen, und sie verfügen *zweitens* über Methoden zur empirischen Überprüfung der Sätze (Popper, 1989, S. 14). Was den Kritischen Rationalismus vom Logischen Empirismus unterscheidet, ist die Haltung gegenüber der Induktion. Wo der Logische Empirismus trotz aller Selbstkorrekturen am Programm des Induktivismus festgehalten hat, hält Popper sämtliche Versuche zur induktiven Begründung der wissenschaftlichen Erkenntnis für gescheitert.

Mit der Zurückweisung der Induktion als Grundlage der Erkenntnis verschiebt sich der Akzent von der Wissenschaft als *Errungenschaft* zur Wissenschaft als *Tätigkeit*. Das wissenschaftstheoretische Hauptwerk Poppers heißt nicht zufällig *Logik der Forschung*. Die Aufgabe der Wissenschaftstheorie liegt nicht in erster Linie darin, *Sätze* zu prüfen, sondern ein *Verfahren* zu untersuchen, nämlich „die empirisch-wissenschaftliche Forschungsmethode" (Popper,

---

[21] Popper (1969, S. 229f.) hat sich daher gelegentlich einen *Negativisten* genannt – in bewusster Abgrenzung von einem Positivisten. Dem Kritischen Rationalismus Positivismus zu unterstellen (wie dies gelegentlich getan wird), ist daher höchst fragwürdig.

1989, S. 3). Die Wissenschaft ist nicht ein (kumulierbarer) Bestand, sondern ein (unabschließbarer) Prozess.

4.3.2 Konventionalismus

Wie muss man sich im Falle des Kritischen Rationalismus den Kontakt der Wissenschaft mit der Wirklichkeit vorstellen? Die Falsifikation eines *theoretischen* Satzes ergibt sich aufgrund der Widerlegung eines *Basissatzes*, der aus ihm abgeleitet wird. Der Begriff des Basissatzes steht im Kritischen Rationalismus an Stelle der Beobachtungs- bzw. Protokollsätze des Logischen Empirismus.[22] Doch die Unterscheidung von theoretischen und Basissätzen ist relativ. Da Sätze nur durch (andere) Sätze kritisiert werden können, nicht aber durch Wahrnehmungserlebnisse (Popper, 1989, S. 60 ff.), kann die Falsifizierbarkeit einer Theorie nicht in der Relation zwischen Aussagen und Tatsachen liegen. Popper (1994) betont, dass sein Verfahren „*alle* Sätze, sogar die Prüfsätze selbst, als Hypothesen auffasst" (S. 123 – Hervorhebung W. H.). Folglich gibt es keine Sätze, die nicht „ihrerseits [...] durch Falsifikation ihrer Folgesätze falsifiziert werden können" (Popper, 1989, S. 21).

Das gilt selbst für die Falsifikation! Auch die Falsifikation ist kein abschließbarer Vorgang. Popper (1994) räumt sogar ein, „dass die Falsifizierbarkeit [...] logisch gesehen nicht als ein sehr strenges Kriterium gelten kann" (S. 53). Das hat zur Folge, dass nicht nur kein Basissatz, sondern auch kein theoretischer Satz als absolut sicher betrachtet werden kann. Jede, auch die am besten bewährte Theorie „kann unter Umständen wieder problematisch werden" (Popper, 1974, S. 389). Unser Wissen besteht jederzeit aus nichts anderem als aus (noch) nicht widerlegten Hypothesen.

Was aber lässt uns an einer bestimmten Stelle des Forschungsprozesses Halt machen? Poppers Antwort liegt im Begriff der *Konvention*. Die Basissätze gelten nicht wegen einer wie auch immer gearteten Korrespondenz mit der Wirklichkeit, sondern weil sie vorläufig anerkannt werden (Popper, 1989, S. 69 ff.). Was eine Wissenschaft erreichen kann, ist die momentane Übereinkunft der Forschenden, was einer Theorie den Stempel der *Bewährung* aufdrücken lässt (S. 198 ff.). Wie der Logische Empirismus kommt Popper in die Nähe eines sozialen Verständnisses der wissenschaftlichen Erkenntnis.

---

[22] „Basissätze sind [...] Sätze, die behaupten, dass sich in einem individuellen Raum-Zeit-Gebiet ein beobachtbarer Vorgang abspielt" (Popper, 1989, S. 67 f.).

Damit führt unsere Darstellung des Kritischen Rationalismus zu einem vergleichbaren Ergebnis wie im Falle des Logischen Empirismus. Der Kontakt einer wissenschaftlichen Aussage mit der Wirklichkeit ist keine rein empirische Angelegenheit. Allein durch Konfrontation mit der Wirklichkeit lassen sich wissenschaftliche Aussagen nicht überprüfen. Es bedarf eines zusätzlichen Moments, das die Systemtheorie von Niklas Luhmann (1927–1998) mit dem Begriff der *Kommunikation* belegt. Kommunikation ist etwas von Wahrnehmung kategorial verschiedenes. Während die Wahrnehmung ein Merkmal individueller Systeme ist, bildet die Kommunikation das Medium sozialer Systeme, wie auch des Systems Wissenschaft. Zwischen den beiden Systemtypen ist zwar strukturelle Koppelung möglich, nicht aber Übertragung von Information (Luhmann, 1994, S. 225 ff.). Wahrnehmungen oder Erlebnisse können als *Inhalte* in Kommunikationen eingehen, sind aber nicht selber Kommunikation. Ob eine Wahrnehmung als Argument für eine Erkenntnis zählt, entscheidet die Gemeinschaft der Kommunizierenden, nicht der Wahrnehmende allein.

Weiterführende Literatur

Keuth, H. (2011). *Die Philosophie Karl Poppers*. (2., durchgesehene Aufl.). Tübingen: Mohr Siebeck.
Kripke, S. A. (2006). *Wittgenstein über Regeln und Privatsprache. Eine elementare Darstellung*. Frankfurt a. M.: Suhrkamp.
Stadler, F. (1997). *Studien zum Wiener Kreis. Ursprung, Entwicklung und Wirkung des Logischen Empirismus im Kontext*. Frankfurt a. M.: Suhrkamp.
Stevens, S. S. (1939). Psychology and the Science of Science. *Psychological Bulletin, 36*, 221–263.
Tolman, C. W. (Hrsg.) (1992). *Positivism in Psychology. Historical and Contemporary Problems*. New York: Springer.

5 Postempiristische Wissenschaftstheorie

Der Durchgang durch die beiden wissenschaftstheoretischen Positionen des Logischen Empirismus und des Kritischen Rationalismus hat uns an einen Punkt geführt, wo wir zur Kenntnis nehmen müssen, dass in der Berührungszone von Wissenschaft und Wirklichkeit keine besonders klaren Verhältnisse herrschen. Wissen und Fakten scheinen nicht so sauber voneinander getrennt zu sein, dass sich mit einer Art Crashtest entscheiden ließe, was wahre und was falsche Aussagen sind. Anders kann es aber auch kaum sein, wenn sich die Korrespondenztheorie der Wahrheit als unhaltbar erweist (vgl. Kapitel 3.3.2). Zwar erwarten wir, dass eine Wissenschaft nicht nur den Ansprüchen auf klare Begriffe und stringente Aussagen genügt, sondern auch Theorien vorweisen kann, die empirisch gehaltvoll sind. Doch Kriterien, die verbindlich feststellen lassen, wann eine Theorie als geprüft gelten kann und wann nicht, scheint es nicht zu geben.

Diese Einsicht führt in der neueren Wissenschaftstheorie zu einem *holistischen* (ganzheitlichen) Verständnis wissenschaftlicher Erkenntnis. So etwa bei Quine, der in einer kritischen Auseinandersetzung mit dem Logischen Empirismus feststellt, dass unser Wissen – gerade unser *wissenschaftliches* Wissen – ein Gewebe darstellt, das nur an seinen Rändern mit der Erfahrung in Berührung steht. „Or, to change the figure, total science is like a field of force whose boundary conditions are experience" (Quine, 1963, S. 42). Quine, der anfänglich stark vom *Wiener Kreis* beeinflusst war, bestreitet nicht, dass wir für die Bestätigung realwissenschaftlicher Erkenntnisse auf Erfahrung angewiesen sind, doch glaubt er nicht, dass wir *im Einzelnen* feststellen können, ob eine Aussage empirisch gehaltvoll ist oder nicht. Er findet es unsinnig, „to speak of a linguistic component and a factual component in the truth of any *individual* statement. Taken collectively, science has its double dependence upon language and experience; but this duality is not significantly traceable into the statements of science taken one by one" (Hervorhebung W. H.). Dann folgt ein oft zitierter Satz: „The unit of empirical significance is the whole of science". Nur als *Ganzes* hat eine wissenschaftliche Disziplin Kontakt mit der

Wirklichkeit! Den Traum vom unerschütterlichen Fundament der Erkenntnis hält Quine (1995) *„endgültig* für ausgeträumt" (S. 26).

Quine ist Logiker. Wenn wir etwas genauer erfahren wollen, welche Wende die Wissenschaftstheorie in den 1960er-Jahren vollzogen hat, müssen wir uns anderen Autoren zuwenden. Dabei fällt der Blick unweigerlich auf Thomas Kuhn (1922–1996), der 1962 ein Buch veröffentlichte *(The Structure of Scientific Revolutions)*, das dem wissenschaftstheoretischen Diskurs eine bis heute anhaltende Neuausrichtung gab. Die Neuausrichtung ist vor allem eine Hinwendung zur *Geschichte* der wissenschaftlichen Erkenntnis. Kuhn sprengte die Beschränkung der Analytischen Wissenschaftstheorie auf die Logik als Analyseinstrument und zeigte, dass wissenschaftliche Disziplinen nicht nur historische Gebilde sind, sondern auch ein *soziales Substrat* aufweisen, wofür er den Begriff der Wissenschaftlergemeinschaft *(scientifc community)* prägte. Damit wurden Bedingungen wissenschaftlicher Rationalität sichtbar, die zuvor im Dunkeln geblieben waren. Sie ans Licht zu holen, ist auch Ziel dieses Kapitels.

Wir beginnen mit einer Darstellung der Wissenschaftstheorie von Kuhn (5.1). Anschließend vertiefen wir ein zentrales Element der kuhnschen Wissenschaftsauffassung, nämlich dasjenige des Paradigmas (5.2). Danach gehen wir auf das Experiment als der zentralen Methode moderner Wissenschaft ein und bestärken die Akzentverschiebung von der Wissenschaft als Bestand zur Wissenschaft als Prozess (5.3). Schließlich erläutern wir den Begriff der argumentativen Vernunft, wie er sich im Rahmen einer postempiristischen Wissenschaftsauffassung abzeichnet (5.4).

5.1 Das Wissenschaftsverständnis von Thomas Kuhn

Anders als der Logische Empirismus, für den die Wissenschaft eine geduldige, aber strebsame und zielsichere induktive Aufbauarbeit darstellt, und anders als der Kritische Rationalismus, der die Wissenschaft durch den Ausschluss falscher Theorien kontinuierlich voranschreiten und der Wahrheit zumindest näher kommen sieht, geht Kuhn von einem diskontinuierlichen Verlauf der wissenschaftlichen Erkenntnis aus, den er nach zwei Phasen differenziert: normale und außerordentliche Forschung.

5.1.1 Tradition und Revolution in der Wissenschaft

Die Phase der normalen Forschung ist *traditionalistisch*. Sie „ist etwas höchst Konvergentes und stützt sich nachdrücklich auf eine stabile Übereinstimmung der Auffassungen, die mit der wissenschaftlichen Ausbildung erworben und in dem nachfolgenden Berufsleben verstärkt worden ist" (Kuhn, 1978, S. 310). Die Übereinstimmung in Grundsatzfragen ist dem einzelnen Wissenschaftler zumeist gar nicht bewusst, da sie Ergebnis eines akademischen Sozialisationsprozesses ist und insofern eher einem (impliziten) Können als einem (expliziten) Wissen entspricht.

Ein wesentliches Moment der Ansichten, in denen die Wissenschaftler in Phasen der normalen Forschung übereinstimmen, ist ein sogenanntes *Paradigma*, d. h. ein Musterbeispiel, wie man in einer Disziplin ein Forschungsproblem angeht und löst (Kuhn, 1976, S. 199ff.). Darüber hinaus werden in Zeiten normaler Forschung weitere Voraussetzungen als gültig anerkannt, nämlich *symbolische Verallgemeinerungen* (Formeln, Definitionen u. Ä.), *Modelle* als Lieferanten von Analogien und Metaphern und *Werte* (methodische Regeln u. Ä.). Kuhn hat das Insgesamt dieser vier Voraussetzungen später *disziplinäre Matrix* genannt (Kuhn, 1978, S. 392), früher aber auch diesbezüglich von einem Paradigma gesprochen. Trotz Kuhns Selbstkorrektur wird der Begriff des Paradigmas zumeist in seiner ursprünglichen, umfassenden Bedeutung verwendet, d. h. als Bezeichnung für das Ensemble jener vier Voraussetzungen, in denen die Angehörigen einer Disziplin unausgesprochen übereinstimmen.

Paradigmen erfüllen in methodologischer Hinsicht eine wichtige Funktion. Sie sagen dem Forscher nämlich, wie die Welt beschaffen ist, d. h. „welche Entitäten es in der Natur gibt und welche nicht, und wie sie sich verhalten" (Kuhn, 1976, S. 121). Diese *ontologische* Funktion von Paradigmen ist notwendig, damit wissenschaftliche Forschung überhaupt in Gang kommt. Der Bereich der zulässigen wissenschaftlichen Überzeugungen muss eingeschränkt werden, „andernfalls gäbe es keine Wissenschaft" (S. 18). Ohne gemeinsame Verpflichtung auf ein Paradigma würden die Wissenschaftler ständig über Grundsatzfragen streiten, was sie davon abhalten würde, Forschung zu betreiben.

In ihren normalen Phasen erweisen sich Wissenschaften daher als unspektakulär. Untersucht werden Probleme, die sich *innerhalb* eines Paradigmas stellen, nicht das Paradigma selber. Das ändert sich, sobald negative Ergebnisse gehäuft auftreten. Kuhn (1976, S. 66) spricht von *Anomalien*, d. h. offensichtlichen Widersprüchen in den Grundannahmen einer Disziplin. Erweisen sich die Mängel als gravierend, gerät die Disziplin in eine *Krise*. Die Regeln der normalen Wissenschaft werden sukzessive aufgeweicht, und eine Phase *außerordentlicher Forschung* wird eingeleitet. Diese kann auf dreierlei Weise ausgehen: mit der Bewältigung der Krise im Rahmen des vorhandenen Paradigmas, mit dem Eingeständnis der momentanen Unlösbarkeit des Problems oder mit der Transformation der Disziplin in eine neue paradigmatische Phase (S. 97). Tritt Letzteres ein, hat eine *wissenschaftliche Revolution* stattgefunden.

5.1.2 Konstruktivismus

Kuhn insistiert auf der Unmöglichkeit reiner Daten *(data bruta)*. Wir sehen die Wirklichkeit nie *an sich*, sondern immer nur durch die Brille eines Paradigmas, das bestimmt, was wir überhaupt sehen können. Paradigmen entfalten ihre Wirksamkeit als Schemata der Einordnung von Erfahrung. Wechseln wir das Paradigma aus, so wird auch die Welt eine andere. Zwar möchten wir sagen, mit dem Paradigma ändere sich nur die *Interpretation* der Wirklichkeit, „während die Beobachtungen selbst ein für allemal [...] fixiert sind" (Kuhn, 1976, S. 132). Doch diese Ansicht entspräche der Position einer fundamentalistischen Erkenntnistheorie, deren Angemessenheit auch von Kuhn bestritten wird. Was während einer wissenschaftlichen Revolution geschieht, kann daher „nicht vollständig auf eine neue Interpretation einzelner und stabiler Daten zurückgeführt werden" (S. 133).

Wenn das Paradigma den Rahmen absteckt, innerhalb dessen die Wissenschaftler erkennen, was der Fall ist, dann lassen sich Erkenntnissubjekt und Erkenntnisobjekt nicht so voneinander trennen, wie es der Gottesstandpunkt vorsieht. Folglich entspricht der Wechsel eines Paradigmas nicht bloß dem Wechsel einer Welt*ansicht*, sondern dem Wechsel der *Welt,* zu der auch der Wissenschaftler selber gehört. Mit einem Paradigmenwechsel werden sozusagen Welt *und* Wissenschaftler ausgewechselt. Dies macht Paul Feyerabend (1924–1994), der in verschiedener Hinsicht mit Kuhn übereinstimmt, deutlich, wenn er in Bezug auf den Übergang von der homerischen zur vorsokratischen Philosophie feststellt: „Eine Welt löst sich auf, der sie betrachtende Mensch eingeschlossen, und wird ersetzt von einer anderen Welt, betrachtet von einem anderen Menschen" (Feyerabend, 2009, S. 161).

Kuhns Argumentation führt zu einem erkenntnistheoretischen *Holismus*. Bezogen auf Theorien betont er, dass diese „nicht stückweise entstehen, um sich an Fakten anzupassen, die schon die ganze Zeit vorhanden waren. Sie entstehen vielmehr *mit den Tatsachen,* auf die sie passen" (Kuhn, 1976, S. 152 – Hervorhebung W. H.). Daraus ergibt sich die Einsicht, dass wissenschaftliche

Theorien „nur an einzelnen Punkten mit der Natur Kontakt (haben)" (Kuhn, 1978, S. 381). Eine fast gleichlautende Äußerung haben wir einleitend zu diesem Kapitel zitiert – aber nicht von Kuhn, sondern von Quine! Tatsächlich stimmen Quine und Kuhn in wichtigen wissenschaftstheoretischen Fragen – so insbesondere in Bezug auf das holistische Verständnis von Wissenschaft – überein.

5.1.3 Kontinuität durch Kommunikation

Paradigmenstreitigkeiten lassen sich weder logisch noch empirisch entscheiden, sondern erfordern den Austausch von *Argumenten*. Kuhn sprengt die Grenzen sowohl einer empiristischen als auch einer rationalistischen Erkenntnistheorie. Es gibt „vernünftige Erkenntnisse in Formen [...], auf die die Logik kaum anwendbar ist" (Kuhn, 1978, S. 375). Das kann uns nicht erstaunen, denn ein Paradigmenwechsel ist ein historischer Prozess, der *Zeit* in Anspruch nimmt, was eine Beurteilung durch die zeitlosen Regeln der Logik nicht zulässt. Heißt dies, dass Kuhn die Wissenschaft der Irrationalität ausgeliefert hat, wie ihm gelegentlich vorgeworfen wird? Das wäre nur dann der Fall, wenn wir ausschließen wollten, dass (auch) in der Zeit eine Bedingung der Wahrheit liegt.[23] Doch genau dies ist im Rahmen eines postempiristischen Verständnisses von Wissenschaft nicht möglich. Letztlich fungiert die *Kommunikation* in der Wissenschaftlergemeinschaft als Instanz, um über die Rationalität eines Paradigmenwechsels zu entscheiden, denn wie die Logik vermag auch sie Zeit zu binden, d. h. *Kontinuität* zu gewährleisten, wenn auch nicht eine, die bis in alle Ewigkeit gesichert wäre.

Indem er das Terrain der Rationalität wissenschaftlicher Erkenntnis erweitert, lässt Kuhn eine Vernunft zu Wort kommen, die nicht auf Logik, sondern auf *Argumentation* baut (vgl. Kapitel 5.4). Der *linguistic turn* der Analytischen Wissenschaftstheorie wird von einer Wende zur Sprache zu einer Wende zur Kommunikation erweitert. Wo Stegmüller (1973) die Aufgabe der Wissenschaftstheorie in der logischen Analyse wissenschaftlicher Sätze gesehen hat (vgl. Kapitel 2.1.2), da geht es Kuhn um ein Verständnis von Wissenschaft als historisch bedingter kommunikativer Tätigkeit.[24]

---

[23] Das ist allerdings die Annahme der Korrespondenztheorie der Wahrheit, die davon ausgeht, dass die Wahrheit keinen Zeitindex trägt (vgl. Kapitel 3.3.2).
[24] Insofern ist gelegentlich von einer pragmatischen Wende von Philosophie und Wissenschaftstheorie die Rede, da die Sprache nicht mehr nur in ihrer Funktion der Darstellung

5.2 Vertiefungen zum Konzept des Paradigmas

Wenn Wissenschaftler Teil der Welt sind, die sie erkennen, so dass der Wechsel eines Paradigmas nicht eine neue *Anschauung* einer sich gleich bleibenden Welt zur Folge hat, sondern diese *selbst*, eingeschlossen der sie erkennende Wissenschaftler, eine andere geworden ist, dann lässt sich die Frage stellen, ob es eine Wirklichkeit *an sich* überhaupt gibt. Könnte es nicht sein, dass die Wirklichkeit, *bevor* sie erkannt wird, gar keine Struktur aufweist? Gewinnen die Tatsachen, die wir erkennen, nicht erst durch die Kategorien unseres Denkens oder die Begriffe unserer Sprache Kontur? Wie uns Kuhn (1976) versichert, mag die Welt zwar an sich *bestehen*, doch ein *Verständnis* der Welt gewinnen wir nur dank der Brille, durch die wir sie betrachten, eine Brille, die wir höchstens durch eine andere ersetzen, aber niemals ablegen können. Wir wollen dieser These noch etwas Gewicht geben, indem wir uns zwei Autoren zuwenden, die unabhängig voneinander wichtige Ergänzungen zum Begriff des Paradigmas vorgelegt haben.

5.2.1 Ideale der Naturordnung

Stephen Toulmin (1922–2009) nimmt an, dass sich im Kern von wissenschaftlichen Theorien *Ideale der Naturordnung* finden, die den Rahmen vorgeben, innerhalb dessen in einer Disziplin nach Erklärungen gesucht wird (Toulmin, 1968, S. 52 f.). Eine solche Vorgabe kann darin liegen, dass die Natur für *lesbar* gehalten wird, und zwar in der Sprache der Mathematik. So war Galilei der Überzeugung, dass die Natur, obwohl sie uns unbeständig und wunderlich erscheint, eine geometrische Ordnung aufweist. Die Buchstaben, in denen das *Buch der Natur* geschrieben ist, sind „Dreiecke, Kreise und andere geometrische Figuren" (Galilei, zit. nach Blumenberg, 1980, S. 53). Dabei hatte Galilei keine *Metapher* im Sinn (dies hätte ihm den Konflikt mit der Kirche erspart); vielmehr war er *wörtlich* der Meinung, das Universum weise eine mathematische Struktur auf, die unserem Erkenntnisvermögen zugänglich ist, wenn wir nur gelernt haben, seine Sprache zu sprechen.

Da die Ideale der Naturordnung für selbstverständlich gehalten werden, können sie zu Verständigungsschwierigkeiten führen. Wissenschaftler mit

---

von Wirklichkeit, d.h. nicht mehr nur in ihrer syntaktischen und semantischen Dimension, begriffen wird, sondern auch als Kommunikationsmittel, d.h. auch in ihrer pragmatischen Dimension (vgl. z.B. Carrier, 2009, 43 f.; Habermas, 2004, S. 7 ff.).

unterschiedlichen Idealen der Naturordnung „verfügen [...] über keine gemeinsamen theoretischen Begriffe, mit deren Hilfe sie ihre Probleme fruchtbar diskutieren könnten; ja sie haben nicht einmal dieselben Probleme" (Toulmin, 1968, S. 70 – Hervorhebung aufgehoben). Insofern sich die Ideale im Laufe der Zeit verändern, sind sie nicht Teil der logischen Struktur einer Disziplin, sondern haben empirischen Gehalt. Doch eine empirische Prüfung der Ideale findet nicht statt und ist aufgrund ihres abstrakten Charakters zumeist auch gar nicht möglich (S. 119). Toulmin steht auf der Seite von Kuhn und Quine und vertritt ein holistisches Verständnis wissenschaftlicher Theorien.

5.2.2 Apriorische Voraussetzungen der Wissenschaft

Eine vergleichbare Argumentation findet sich bei Kurt Hübner (*1921). Da alle Versuche, das Induktionsproblem zu lösen, bisher gescheitert sind, erachtet er den Kontakt, den eine Wissenschaft mit der Wirklichkeit hat, für bescheiden. Theorien gehen in ihrem Gehalt weit über das hinaus, was durch Beobachtung festgestellt werden kann. „Die Bestätigung durch Basissätze [...] ist geradezu armselig und kümmerlich gegenüber dem ungeheuren Reichtum heuristischer Art, den jede Theorie, wenn sie nur einigermaßen etwas bedeutet, in sich trägt" (Hübner, 1982, S. 69). Entsprechend beinhaltet eine Theorie mehr als nur Sätze, die mit Protokoll- bzw. Basissätzen in Beziehung stehen. Hübner verweist auf Annahmen, die der empirischen Überprüfung unzugänglich sind, d. h. Annahmen *apriorischer* Art. Insgesamt unterscheidet er fünf Arten solcher Annahmen (Hübner, 1982, 1986):

Axiomatische Voraussetzungen. Dabei handelt es sich um ontologische Überzeugungen hinsichtlich der Beschaffenheit der Welt. Sie entsprechen den Idealen der Naturordnung bei Toulmin. Axiomatisch ist auch die Annahme, dass die Welt eine Ordnung aufweist, die dem menschlichen Erkenntnisvermögen zugänglich ist.

Normative Voraussetzungen. Sie schreiben vor, welche Eigenschaften eine Theorie haben muss (Einfachheit, Systematik, Erklärungskraft u. Ä.).

Judikale Voraussetzungen. Sie legen bei der empirischen Prüfung von Theorien fest, unter welchen Umständen eine Aussage beibehalten werden kann und wann sie als widerlegt gilt.

> *Instrumentale Voraussetzungen.* Sie betreffen Festsetzungen in Bezug auf die Verwendung von Messinstrumente und die Qualität von Messoperationen.
>
> *Funktionale Voraussetzungen.* Hier geht es um Festlegungen, die bei der Verdichtung von Daten zu mathematischen Funktionen oder Naturgesetzen relevant sind (Auswahl von Messdaten, Toleranz gegenüber Messfehlern u. Ä.).

Diese fünf apriorischen Voraussetzungen wissenschaftlicher Erkenntnis stellen Bedingungen dar, die empirische Forschung ermöglichen. Hübner nimmt aber nicht an, dass es sich um logische Bedingungen handelt, die ein für allemal festlegen würden. Vielmehr werden sie vor einem geschichtlichen Hintergrund vereinbart. Damit ist kein Relativismus verbunden. Wie Kuhn verweist Hübner auf die Kommunikation als wesentlicher Bedingung wissenschaftlicher Rationalität. Neben der monologischen Vernunft der (formalen) Logik gibt es eine dialogische Vernunft, die sich als „rationales, intersubjektives, begreifliches Argumentieren, Rechtfertigen und Begründen in einer bestimmten historischen Situation" (Hübner, 1982, S. 78) umschreiben lässt (vgl. Kapitel 5.4).

5.3 Die Wissenschaft und das Experiment

Bereits mit der Entwicklung vom Logischen Empirismus zum Kritischen Rationalismus geht eine Akzentverschiebung im Verständnis von Wissenschaft einher. Während die wissenschaftliche Erkenntnis im Logischen Empirismus als System von *Sätzen* begriffen wird, gewinnt sie im Kritischen Rationalismus den Anstrich einer *Tätigkeit* (vgl. Kapitel 4.3.1). Zwar liegen wissenschaftliche Aussagen auch für den Kritischen Rationalismus in Form von Theorien vor, die über die Wirklichkeit informieren. Doch die *Forschung* steht bei Popper gegenüber den *Ergebnissen* der Forschung weit stärker im Vordergrund als im Logischen Empirismus. Dies obwohl er dem Experiment als wichtigster Forschungsmethode moderner Wissenschaft eine sekundäre Rolle zugewiesen hat.

Für Popper (1989) ist das Experimentieren ein „planmäßiges Handeln, *beherrscht von der Theorie*" (S. 224 – Hervorhebung W. H.). Auf dem Terrain der Wissenschaften hat der Experimentator keinen eigenen Weg zu gehen, denn es ist der Theoretiker, „der [ihm] den Weg weist" (S. 72). Zu neuen Erkenntnissen führt uns immer „nur die Theorie und nicht das Experiment [...], nur die Idee und nicht die Beobachtung" (S. 214). Dem Experiment ist nur die negative Aufgabe zugedacht, uns vor falschen Theorien zu beschützen. Eine konstruktive Rolle hat es nicht. Diese einseitige Beurteilung des Experiments hat Popper daran gehindert, die Wissenschaft *konsequent* als Tätigkeit zu begreifen.

Um eine objektive Beurteilung der Rolle des Experiments in der neuzeitlichen Wissenschaft zu gewinnen, wenden wir uns zwei Autoren zu, die zwar zeitlich relativ weit auseinander liegen, in ihren Einschätzungen aber weitgehend übereinstimmen. Ihre Analysen bestätigen die Akzentverschiebung von einem passiven zu einem aktiven Verständnis von Wissenschaft, die sich bei Popper andeutet, aber nur gehemmt zum Ausdruck kommt.

5.3.1 Dewey und die Zuschauertheorie der Erkenntnis

In einem 1929 erstmals erschienenen Buch mokiert sich John Dewey (1859–1952) über die *Zuschauertheorie der Erkenntnis*, wie sie in der Philosophie dominiert. Er wirft ihr vor, „den Vermutungen über das, was beim Akt des Sehens stattfindet" (Dewey, 2001, S. 27), nachgebildet worden zu sein. Dahinter verberge sich das vergebliche Bemühen um ein Wissen, das absolut sicher und unerschütterlich sei. Durch die Auszeichnung der Logik werde das Unwandelbare ontologisch als das wahrhaft Seiende festgeschrieben. Als adäquat könne folglich nur mehr jenes Denken bezeichnet werden, das zu erfassen vermag, „was schon vorweg in der Wirklichkeit fixiert ist" (S. 206). Leicht ironisch bemerkt Dewey, eine Erkenntnis, die lediglich verdopple, was schon existiere, gewähre „uns vielleicht die Befriedigung, die eine Photographie bietet" (S. 140), aber nicht mehr.

Demgegenüber betont Dewey (2001), dass der wissenschaftliche Gegenstand kein gegebener, sondern ein *konstruierter* sei. Als Beleg für seine Ansicht dient ihm das methodische Vorgehen der modernen Naturwissenschaft, die im Experiment das *Tun* zum „Innersten der Erkenntnis" (S. 40) gemacht habe. Ein Experiment ist „eine *zielgerichtete Aktivität*, ein Tun, das die Bedingungen verändert, unter denen wir Gegenstände beobachten und handhaben, und zwar dadurch, dass wir sie neu anordnen" (S. 125). Insofern nimmt die experimentelle Forschung die Wirklichkeit nicht wie sie ist, sondern ergründet ihre *Möglichkeiten*.

Dewey (2001) sieht darin den entscheidenden Unterschied zwischen antiker und moderner Wissenschaft. Nicht dass die Griechen keine Empiriker gewesen wären, ganz im Gegenteil. „In Wirklichkeit besaßen die Griechen eine ausgeprägte Sensibilität gegenüber natürlichen Objekten und waren scharfe Beobachter. Das Problem lag nicht darin, dass sie von Anfang an das Theoretisieren an die Stelle des Wahrnehmungsmaterials gesetzt hätten, sondern darin, dass sie das Material nahmen, ‚wie es war'; sie unternahmen keinerlei Versuch, es radikal zu verändern, bevor sie darüber nachzudenken und zu theoretisieren begannen" (S. 91). Darin liegt der Grund, weshalb die griechische Wissenschaft viel näher beim gesunden Menschenverstand liegt als die moderne Wissenschaft.

5.3.2 Hacking und die Kontaktnahme mit der Wirklichkeit

Was Dewey im Gestus des großen Wurfs in den 1920er-Jahren herausarbeitete, ist Jahrzehnte später von Ian Hacking (*1936) bestätigt und verfeinert worden. Hacking (1996) schließt sich in einer 1983 erstmals veröffentlichten Studie Deweys Kritik ausdrücklich an. Die Defizite der Erkenntnistheorie rühren nicht nur daher, dass man die Erkenntnis aus der Perspektive eines göttlichen Zuschauers begreift, sondern auch daher, „dass man sich auf Kosten des Eingreifens, Handelns und Experimentierens wie besessen mit nichts anderem beschäftigt als [mit] Darstellen, Denken und Theorie" (S. 220). Seit dem 17. Jahrhundert beruht die Naturwissenschaft jedoch auf einer *Verzahnung* von Darstellen (Theorie) und Eingreifen (Experiment). Es sei an der Zeit, wenn die Wissenschaftstheorie „das Geschehen der letzten drei Jahrhunderte [endlich, W. H.] einholt" (S. 246).

Theorie und Experiment stimmen gemäß Hacking nicht immer überein, sondern gehen oft getrennte Wege. Entsprechend skeptisch beurteilt er Poppers Anbindung des Experiments an die Theorie durch das Falsifikationsprinzip. Hacking (1996) spricht gar von einer Abneigung, die er gegenüber dem Wissenschaftsmodell habe, „wonach die Experimentatoren herumsitzen und auf die Aufforderung warten, Theorien zu prüfen, zu bestätigen oder zu widerlegen (S. 394). Seiner Ansicht nach wird die Dynamik der Wissenschaft weniger von Theorien als von der *Forschung* bestimmt, die in weiten Bereichen *theorieunabhängig* operiert. Wo Popper dem Experiment die zweitrangige Rolle der Überprüfung von Theorien und Hypothesen zuweist, da gibt ihm Hacking eine gleichberechtigte Existenz. Gelegentlich kann eine Theorie einem Experiment den Weg weisen; gelegentlich ist es aber genau umgekehrt. Auch wenn Hacking die Bedeutung von Theorien nicht leugnet, möchte er darauf insistieren, „dass viele wahrhaft grundlegende Forschungen durchgeführt werden, ehe eine irgendwie einschlägige Theorie aufgestellt wird" (S. 265).

Die Aufwertung des Experiments gegenüber der Theorie führt Hacking (1996) zu einer Neubeurteilung der Frage, wie wissenschaftliche Erkenntnisse Kontakt mit der Wirklichkeit gewinnen. Seiner Meinung nach steht die Wirklichkeit „in engerem Zusammenhang [...] mit dem, was wir in der Welt tun, als mit dem, was wir über sie denken" (S. 40). Nach der Wahrheit von Erkenntnissen sollten wir daher nicht im Hochparterre der Theorien, sondern im Souterrain der Experimente suchen. Die *Tätigkeit*, die ein Experiment beinhaltet, lässt uns an der Wirklichkeit *anstoßen*, während die Betrachtung, die uns eine Theorie ermöglicht, keine Gewähr bietet, dass wir mit der Wirklichkeit überhaupt in Berührung kommen.

5.4 Argumentative Vernunft

Neben der Prozesshaftigkeit betont die postempiristische Wissenschaftstheorie auch die Kontextgebundenheit der wissenschaftlichen Erkenntnis. Nicht nur Kuhn, auch Dewey, Toulmin, Hübner und Hacking thematisieren die Wissenschaft in ihrem sozialen und historischen Kontext. Gemäß Rheinberger (2007) lässt sich mit einigem Recht behaupten, dass es seit Ende des 20. Jahrhunderts „keine in die wissenschaftsphilosophische Diskussion fruchtbar eingreifende Epistemologie mehr gibt, die nicht von historischen Fragen durchwirkt wäre" (S. 133).

Daraus ergibt sich kein Relativismus, denn *erstens* ist Erkenntnis überhaupt nur innerhalb eines apriorischen Rahmens möglich, und *zweitens* wird dieser Rahmen keineswegs willkürlich gesetzt, „sondern in verwickelten rationalen Prozessen historisch gerechtfertigt, begründet und vermittelt" (Hübner, 1982, S. 83). Die soziale und historische Einbettung der Wissenschaft verhindert sowohl deren Überhöhung ins Absolute wie deren Absturz ins Relative. Die Wissenschaft „hält sich in jener Mitte, in der alleine Sterbliche, die immer Geschichtliche sind, sich auf [...] Dauer aufzuhalten vermögen".

Was aber ist mit der argumentativen Vernunft, die der formalen Logik im Rahmen eines postempiristischen Wissenschaftsverständnisses zur Seite rückt, gemeint? Die Frage kann hier nicht umfassend beantwortet werden, jedoch wollen wir am Begriff der *Rechtfertigung* zeigen, wo die Unterschiede zur monologischen Vernunft der formalen Logik liegen. Wie wir gesehen haben, befasst sich die moderne Logik im Wesentlichen mit der korrekten Ableitung von Schlüssen aus Prämissen (vgl. Kapitel 2.2.3). Wie wir ebenfalls gesehen haben, anerkennt der Kritische Rationalismus die formal korrekte Ableitung von Sätzen als einzig legitimes Verfahren zur Begründung wissenschaftlicher

Erkenntnisse (vgl. Kapitel 4.3.1). Auf die Rechtfertigung ihrer Aussagen scheint die Wissenschaft daher nicht angewiesen zu sein. Tatsächlich sieht Albert (1977, S. 41 ff.) im Kritischen Rationalismus die Idee einer *rechtfertigungsfreien* Begründung von Erkenntnis verwirklicht. Doch die Probleme des Kritischen Rationalismus lassen uns zweifeln, ob diese Idee überhaupt einlösbar ist (vgl. Kapitel 4.3.2).

Damit ist bereits deutlich geworden, dass der Begriff der Rechtfertigung dort ins Spiel kommt, wo die Verfahren der Logik nicht ausreichen, um zu korrekten Schlüssen zu gelangen.[25] Rechtfertigungen erfolgen nicht via logische Deduktion, sondern argumentativ, d.h. durch Angabe von *Gründen*. Ein Grund ist etwas, was für etwas *spricht*. Unterscheiden kann man nach persönlichen und sachlichen Gründen. Etwas kann für etwas sprechen, weil ich persönlich davon überzeugt bin. Es kann aber auch sein, das es einen sachlichen Grund für meine Überzeugung gibt. Ein sachlicher bzw. substanzieller Grund muss nicht nur kommunizierbar sein; er muss von anderen auch anerkannt werden. Argumente, die eine Meinung mittels Gründen rechtfertigen, „wird man nicht stichhaltig oder triftig nennen, sofern sie keine Zustimmung erwirken" (Bubner, 1986, S. 37).

Was bei wem Zustimmung gewinnt, lässt sich aber nicht vorweg festlegen. Bubner (1986) betont daher, dass es „ein für alle Lager klar geregeltes Verfahren, wie Zustimmung legitim erworben wird, nicht gibt" (S. 38). Das genau charakterisiert eine Rechtfertigung. Ihre Plausibilität ist an Umstände gebunden, die nicht schon vorweg feststehen. Argumentieren ist Herstellen einer „Relation zwischen dem Begründungsbedürftigen und dem Begründenden" (S. 37), die aber nicht für alle Ewigkeit, sondern *bis auf weiteres* Gültigkeit hat.

Folglich kann bei einer Argumentation nicht mit Gründen gerechnet werden, die unanfechtbar sind. Jenseits der formalen Logik gibt es keine Wahrheiten, die dem Zweifel *endgültig* entzogen wären (Ernst, 2007, S. 78 ff.). Denn nie können wir abschließend sagen, ob es nicht doch noch bessere Gründe gibt, die für oder gegen eine Sache sprechen. Da Argumente keine logischen Beweise sind, lassen sich Rechtfertigungen im Prinzip jederzeit wieder aufnehmen. „Eine Begründung gilt, solange sie einsichtig ist, und sie ist einsichtig, sofern keine Einwände dagegen erhoben werden" (Bubner, 1986, S. 53). Eine Argumentation kommt zu einem *vorläufigen* Abschluss, wenn sich dem „zwanglo-

---

[25] Die Begrifflichkeit ist uneinheitlich. Was wir hier Rechtfertigung nennen, wird anderswo Begründung genannt. Der *Prozess* des Rechtfertigens wird Argumentation genannt, aber auch hier gilt, dass uns keine konsistente Begrifflichkeit vergönnt ist. So setzt beispielsweise Löffler (2008, S. 20 ff.) – aber nicht nur er – Argumentation mit (deduktiver) Logik gleich.

sen Zwang des besseren Arguments" (Habermas, 2004, S. 261) nichts mehr in den Weg stellt. Sie wird wieder aufgenommen, wenn gegenüber einer bisher für gültig erachteten Überzeugung Bedenken auftauchen.

Damit sehen wir in etwa, was mit argumentativer Vernunft gemeint ist. Wissenschaftlergemeinschaften sind nicht nur Forschungsgemeinschaften, sondern auch *Argumentationsgemeinschaften*, die eine Vernunft verkörpern, die zwar nicht zwingend ist, aber auch nicht einfach willkürlich verfährt. Argumente sind keine Beweise, aber in einer Situation der kognitiven Ungewissheit sind sie das Einzige, was wir haben, um dem Anspruch auf wissenschaftliche Rationalität gerecht zu werden.

📖 Weiterführende Literatur

Bachelard, G. (1987). *Die Bildung des wissenschaftlichen Geistes. Beitrag zu einer Psychoanalyse der objektiven Erkenntnis*. Frankfurt a. M.: Suhrkamp.
Fleck, L. (2002). *Entstehung und Entwicklung einer wissenschaftlichen Tatsache. Einführung in die Lehre vom Denkstil und Denkkollektiv* (4. Aufl.). Frankfurt a. M.: Suhrkamp.
Goodman, N. (1990). *Weisen der Welterzeugung*. Frankfurt a. M.: Suhrkamp.
Hoyningen-Huene, P. (1989). *Die Wissenschaftsphilosophie Thomas S. Kuhns. Rekonstruktion und Grundlagenprobleme*. Wiesbaden: Vieweg & Sohn.

6 Metaphern und Modelle

Es ist umstritten, wie weit das Konzept des Paradigmas auf die Geschichte der Psychologie anwendbar ist (Palermo, 1971; Warren, 1971). Da selbst während der Hochblüte des Behaviorismus andere Richtungen psychologischer Wissenschaft, wie die Psychoanalyse, die Gestaltpsychologie oder die Humanistische Psychologie, nicht von der Bildfläche verschwunden sind, könnte man sogar bestreiten, dass die Psychologie den Status einer Wissenschaft bereits erreicht hat. Denn der Eintritt in eine Phase normaler Forschung wäre gerade daran zu ermessen, dass eine Disziplin nicht länger in Richtungen und Schulen zerfällt. Aber welches könnte das gemeinsame Paradigma sein, auf das sich die Wissenschaftlergemeinschaft der Psychologen geeinigt hätte? Selbst die jüngste Geschichte der Disziplin ist nicht frei von Streitigkeiten über Grundsatzfragen. Obwohl der Niedergang des Behaviorismus und die kognitive Wende in den 1960er-Jahren den *Eindruck* machen, als hätte in der Psychologie ein Paradigmenwechsel stattgefunden, ist unklar, ob dem tatsächlich so ist.

Gegen Kuhn ließe sich einwenden, dass er den Begriff des Paradigmas in zu enger Anlehnung an die Physik entwickelt hat. In der Physik mag das Ausbleiben von Kontroversen über Grundsatzfragen tatsächlich ein Kriterium für die Normalisierung der Disziplin sein. Aber muss dies auch für andere Wissenschaften, wie insbesondere die Psychologie, gelten? Eine Schwierigkeit der wissenschaftstheoretischen Grundlegung der Psychologie besteht *generell* darin, dass viele Begriffe der allgemeinen Wissenschaftstheorie ihrer Herkunft nach auf die Physik zutreffen. Aber wie weit ist es legitim, Ergebnisse der wissenschaftstheoretischen Analyse der Physik auf die Psychologie zu übertragen?

Dieser Frage wollen wir im Folgenden nachgehen, indem wir ein Element der apriorischen Voraussetzungen wissenschaftlicher Erkenntnis fokussieren, nämlich die *Modelle*, die den Theorien und der Forschung in einer Disziplin zugrunde liegen. Wir erläutern zunächst den Modellbegriff (6.1) und gehen dann auf die weit verbreitete Präferenz der Psychologie für das Maschinenmodell ein (6.2).

6.1 Modelle in der Psychologie

Bei Kuhn bilden Modelle einen Teil dessen, was er die disziplinäre Matrix bzw. das Paradigma einer Wissenschaft nennt (vgl. Kapitel 5.1.1). Modelle liefern den Vertretern einer Disziplin „bevorzugte Analogien oder, wenn sie von großer Überzeugung getragen sind, eine Ontologie" (Kuhn, 1978, S. 393). In einem ähnlichen Sinn, nämlich als Synonym für die Ideale der Naturordnung, verwendet Toulmin (1968) den Begriff des Modells. Tatsächlich entsprechen die Ideale der Naturordnung einem wesentlichen Kriterium eines Modells. Sie sind nämlich „nicht in irgendeinem naiven Sinne ‚wahr' oder ‚falsch'. Vielmehr ‚bringen sie uns weiter (oder weniger weit)'; sie sind theoretisch mehr oder weniger ‚fruchtbar'" (S. 70). Bei Hübner (1986) ist ein Modell „eine apriorische Konstruktion" (S. 271), die „weder an sich falsch, noch an sich wahr" sein kann. Modelle geben der empirischen Forschung einen ontologischen bzw. – wie man im Falle einer Humanwissenschaft auch und treffender sagen kann – einen *anthropologischen* Rahmen. Sie sagen, wie der Mensch beschaffen ist und erforscht werden kann. Wie aber gewinnt man einen solchen Rahmen? Und wo findet man die Modelle, derer die Psychologie für die Orientierung ihrer Theorie- und Forschungsarbeit bedarf?

6.1.1 Modelle als Metaphern

Der Modellbegriff wird in zwei verschiedenen Bedeutungsvarianten verwendet, die klar zu unterscheiden sind. Einerseits sind Modelle Interpretationen von mathematischen Strukturen, die aufgrund der Interpretation einen Realitätsbezug erhalten. In diesem Sinne wird in der Psychologie der Modellbegriff vor allem in der Statistik verwendet (Kriz, 1973, S. 23 ff.). Andererseits nutzen Modelle eine spezifische Möglichkeit des Denkens, die vor allem bei kreativen Leistungen ausgeschöpft wird, nämlich die Bildung von Metaphern (Herzog, 1984, S. 88 f.). Metaphern beruhen auf der Übertragung eines Sinngehalts von einem bekannten auf einen unbekannten Bereich. Was uns bisher unverständlich war, weil wir keinen Begriff hatten, um es zu bezeichnen, wird uns plötzlich verständlich, weil wir es mit bisher Vertrautem in Beziehung setzen können. Wenn wir zum Beispiel die Seele mit Aristoteles als *lebendige Wirklichkeit des Leibes* definieren wollten (Uslar, 1969, S. 10), dann würden wir nicht im wörtlichen, sondern im *übertragenen* Sinn von der Seele reden. Doch wir täten es, weil wir im wörtlichen Sinn über die Seele gar nicht reden können, da uns eine genuin psychologische Begrifflichkeit fehlt.

Modelle in der Psychologie

Zwar ist seit Aristoteles viel Wasser in die Ägäis geflossen, eine ihr eigene Begrifflichkeit steht der Psychologie trotzdem nur beschränkt zur Verfügung. Auch heute noch sind viele psychologische Begriffe Übertragungen aus anderen Gebieten. Denken wir nur an den fast unwiderstehlichen Hang, das Psychische als *Innerlichkeit* zu deuten. Als geistige Wirklichkeit bildet das Psychische nicht wirklich einen Raum, also kann es im wörtlichen Sinn auch kein Innenraum sein. Wenn Metaphern aus Unvertrautem Vertrautes machen, dann ist die Raummetaphorik ein gutes Beispiel dafür, wie in der Psychologie Vertrautheit geschaffen wird. So viel Vertrautheit, dass sogar eine besondere Methode erfunden wird, um das Psychische zu erforschen. Denn auch bei der Introspektion handelt es sich um eine Metapher. Was könnte eine Innenschau *im wörtlichen Sinn* schon zutage fördern?

Die Frage ist daher, ob die Vertrautheit, die entsteht, wenn wir das Psychische als Innerlichkeit metaphorisieren, der *Wirklichkeit* des Psychischen entspricht. Die Frage stellt sich insbesondere, wenn wir es nicht mit Alltagspsychologie, sondern mit wissenschaftlicher Psychologie zu tun haben. Haben wir denn nicht in der begrifflichen Klarheit einen wesentlichen Anspruch an eine Wissenschaft ausgemacht (vgl. Kapitel 1.2)? Metaphern sind aber gerade *keine* Begriffe, da ihnen zumeist ein bildlicher Vergleich zugrunde liegt. So machen wir uns keinen *Begriff*, sondern ein *Bild* von der Psyche, wenn wir sie uns als Innenraum vorstellen.

Metaphern verstoßen gegen das Gebot der begrifflichen Klarheit. In der Analytischen Philosophie sind sie daher nicht gut gelitten. Die Methode der Begriffsanalyse zehrt wesentlich von der Idee, dass man sprachliche Ausdrücke uneigentlich (falsch) gebrauchen kann und dass es Aufgabe der Philosophie ist, den Sprachbenutzern beizubringen, die Wörter wieder in ihrer eigentlichen (richtigen) Bedeutung zu verwenden (vgl. Kapitel 2.1.1 und 2.2.1). Dafür steht der berühmte Satz von Wittgenstein (2006b): „Wir führen die Wörter von ihrer metaphysischen, wieder auf ihre alltägliche Verwendung zurück" (S. 300). Aber wie gesagt: die alltägliche Verwendung genügt oft nicht, um einer Wissenschaft, die wie die Psychologie Neuland betritt, zu einer handhabbaren Sprache zu verhelfen.

Der Einwand trifft auch Ryle (1997), der in der Metaphorisierung des Psychischen als Innenraum das Resultat einer fatalen *Kategorienverwechslung* sieht. Seit Descartes dominiere in der Psychologie eine Sprache, die für physikalische Sachverhalte angemessen, für geistige Phänomene aber völlig unangebracht sei. Was haben wir uns denn unter psychischen Kräften, psychischen Mechanismen und psychischer Energie vorzustellen? Seine These, wonach „in den drei Jahrhunderten seit dem Beginn des naturwissenschaftlichen Zeitalters die logischen Kategorien zur Einordnung der Begriffe der geistigen Vermögen und Tätigkeiten falsch ausgewählt wurden" (S. 4), stellt einen Frontalangriff auf die Nutzung von Metaphern zu wissenschaftlichen Zwecken dar. Denn eine Metapher ist nichts anderes als eine *gezielte* Kategorienverwechslung, nicht um begrifflichen Unsinn zu erzeugen, sondern um in einer Situation der Sprachnot eine Begrifflichkeit zu entwickeln, die uns weiterhelfen kann.

Insofern ist fraglich, wie weit die Methode der Begriffsanalyse in der Psychologie trägt, wie berechtigt die Kritik an der Metaphorik der Innerlichkeit auch immer sein mag. Einerseits ist das Anliegen von Wittgenstein und Ryle zweifellos legitim, denn die Psychologie zeichnet sich nicht gerade durch einen besonders reflektierten Umgang mit ihren Begriffen aus. Andererseits besteht die Gefahr, das Kind mit dem Bade auszuschütten. Will heißen, dass die Psychologie als Wissenschaft kaum vorankommt, wenn sie sich nicht gewisse begriffliche Freiheiten erlaubt. Diese dürften aber kaum anders als auf einer metaphorischen Basis zu haben sein. Metaphern kommt in der Psychologie daher eine *heuristische* (erkenntniserschließende) Bedeutung zu. Eingebaut in Modelle *erzeugen* sie Realität und bilden sie nicht einfach ab.

6.1.2 Die Wahrnehmungspsychologie als Beispiel

Dass die Psychologie auf Modelle angewiesen ist, um ihren Gegenstand zu konstituieren, wollen wir im Folgenden an einem Beispiel illustrieren, und zwar am Beispiel der visuellen Wahrnehmung. Was bei einem Wahrnehmungsprozess vor sich geht, lässt sich weder durch Introspektion des Bewusstseins noch durch Beobachtung des Verhaltens eruieren, wenn auch wahrnehmungspsychologische Forschung ohne diese Hilfsmittel nicht möglich wäre. Wie aber untersucht man etwas, das uns durch direkte Erfahrung nicht zugänglich ist? Um die Frage zu beantworten, werfen wir einen Blick in ein faszinierendes Buch, das Donald Hoffman (*1955) zur visuellen Wahrnehmung geschrieben hat. In diesem Buch ist von *unbewussten* Prozessen die Rede, die dafür verantwortlich sein sollen, dass wir die Welt mit unseren Augen wahrnehmen. Die Prozesse seien durch Regeln gesteuert, die Hoffman als Anweisungen zur *Konstruktion* von Wirklichkeit versteht. Hoffman (2001, S. 31 f.) zieht eine Parallele zu den Regeln der sprachlichen Tiefengrammatik, die von Linguisten dafür verantwortlich gemacht werden, dass wir fähig sind, nach Belieben sprachlich korrekte Sätze zu generieren.

Doch wie berechtigt ist diese Parallele? Wie unbewusst die Regeln auch immer sein mögen, die uns erlauben, korrekte Sätze zu bilden, im Falle der

Sprache verfügen wir über ein Arsenal an *expliziten* Regeln, derer wir uns bedienen können, um uns verständlich auszudrücken, nämlich die Regeln herkömmlicher Grammatiklehrmittel. Es sind Regeln, die sich mit den Vorschriften in einer Hausordnung vergleichen lassen, d. h. mit *Konventionen*, die festlegen, wie das Zusammenleben unter Menschen gestaltet sein soll. Doch gilt dies auch im Falle der Wahrnehmung? Kann man die Wahrnehmung mit einer Sprache oder einer Hausordnung vergleichen? Die Wahrnehmung ist ein naturhafter Vorgang und allein schon dadurch nicht auf Regeln im üblichen Sinn des Wortes angewiesen. Das mag ein schwacher Einwand sein, denn Regeln können wir selbstverständlich auch befolgen, wenn wir Aktivitäten nicht-sozialer Art ausführen, zum Beispiel die Zubereitung einer schmackhaften Mahlzeit. Aber auch dann würde gelten, dass wir dies absichtlich und *bewusst* tun. Doch kann man Vergleichbares bei einer Aktivität sagen, die wie beim Sehen oder Tasten (ein Beispiel, das Hoffman ebenfalls anspricht) *unbewusst* erfolgt?

Alles, was wir sehen, hören, tasten, riechen und schmecken, ist gemäß Hoffman (2001) konstruiert. Bewusst sind wir uns dessen aber nicht. Konstrukteur unserer visuellen Wahrnehmungen scheinen denn auch nicht *wir*, sondern unsere *visuelle Intelligenz* zu sein.[26] Die visuelle Intelligenz erscheint als Quasi-Akteur, denn sie konstruiert nicht nur unsere visuelle Welt, sondern *interagiert* auch mit unserer rationalen und unserer emotionalen Intelligenz (S. 9 f.), ja sie verfügt sogar über kreative Kräfte (S. 109). Es scheint demnach, als wäre es die *visuelle Intelligenz*, welche die Regeln zur Konstruktion der Wirklichkeit befolgt, von denen Hoffman in seinem Buch berichtet.

Ziehen wir zum Vergleich ein anderes Buch bei. In seinen *Gesetzen des Sehens* legt Wolfgang Metzger (1899–1979) eine gestaltpsychologische Analyse der visuellen Wahrnehmung vor. Wie die Regeln Hoffmans könnte man die Gesetze Metzgers als Vorschriften verstehen, die wir bei der Konstruktion unserer Wahrnehmungswelt befolgen. Doch Metzger verwendet den Gesetzesbegriff nicht in diesem Sinn. Eher denkt er an *Naturgesetze*, die sich an keinen Adressaten wenden. Die Gestaltgesetze beschreiben *natürliche* Tendenzen des Zusammenschlusses von Reizen zu sinnhaften Mustern. So fordert das *Prägnanzgesetz*, nach dem sich lückenhafte Figuren zu guten Gestalten vervollständigen, nicht eine subjektive Leistung, sondern beschreibt einen objektiven

---

[26] Diese erscheint bereits im Titel des Buches: *Visuelle Intelligenz. Wie die Welt im Kopf entsteht*. Im amerikanischen Original lautet der Titel: *Visual Intelligence. How We Create What We See*. Man beachte die Akzentverschiebung vom Aktiv zum Passiv beim Wechsel vom Original zur Übersetzung.

Drang, der vom Wahrnehmungsfeld ausgeht. Gemäß Metzger (1975a) schließt sich zusammen, „*was seiner Natur nach ‚zusammengehört'*" (S. 75); und zusammen gehört, „was gemeinsam ein wohl-geordnetes, einheitlich aufgebautes Gebilde ergibt" (Hervorhebung aufgehoben). Die sachliche Beschaffenheit des optisch Gegebenen entscheidet über die Bildung von umfassenden Einheiten und nicht ein visuelles System oder gar der Mensch.

Die Gesetze der Gestaltpsychologie sind daher nicht mit den Regeln einer Hausordnung zu vergleichen, die sich an Personen richten, welche die Regeln auch übertreten können. Es sind nicht Gesetze, die *vorschreiben*, was zu tun ist, sondern Gesetze, die *beschreiben*, was der Fall ist (Metzger, 1975a, S. 667). Wenn daher Hoffman (2001, S. 52) suggeriert, man könne gegen die Regeln der visuellen Intelligenz *verstoßen*, dann verwendet er nicht dieselbe Sprache wie Metzger, d. h. nicht die Sprache von Naturgesetzen, sondern die Sprache von Grammatiklehrmitteln und Hausordnungen. Tatsächlich zieht sich durch sein Buch eine Mehrdeutigkeit, die Hoffman noch dadurch verstärkt, dass er sich immer wieder direkt an den Leser richtet. Das hat zur Folge, dass häufig nicht die *visuelle Intelligenz*, sondern der Leser selber in der Rolle des Konstrukteurs seiner Wahrnehmungswelt erscheint.

Um ein Beispiel unter vielen zu geben, heißt es in Bezug auf die Raumwahrnehmung: „Jedesmal, wenn Sie die Augen öffnen, konstruieren Sie Tiefe. Heute sind Sie ein Experte auf dem Gebiet. Sie machen das so perfekt, dass Sie gehen, Auto fahren, Tennis spielen und eine Vielzahl anderer Tätigkeiten ausführen, die voraussetzen, dass Sie rasch und effektiv visuelle Tiefe konstruieren" (Hoffman, 2001, S. 43). Dass wir die Augen öffnen und schließen, dessen können wir uns bewusst sein, wir können es sogar willentlich tun, dass wir die räumliche Tiefe unserer Wahrnehmungswelt konstruieren, dessen sind wir uns aber weder bewusst noch vermögen wir es willentlich zu tun. Während wir als *Gesprächspartner* von Hoffman im *wörtlichen* Sinn Personen sind, sind wir es als *Konstrukteure unserer Wahrnehmungen* lediglich im *metaphorischen* Sinn. Keine der 34 Regeln der visuellen Wahrnehmung, die von Hoffman in seinem Buch erläutert werden, ist uns bewusst verfügbar. Bevor wir sein Buch gelesen haben, dürften wir nicht einmal geahnt haben, dass es solche Regeln überhaupt gibt.

Gelegentlich treffen die beiden Personen direkt aufeinander, so wenn Hoffman (2001) an einer Stelle schreibt, er habe sich in seinem Buch „um den Nachweis bemüht, dass es Ihre [des Lesers, W. H.] visuelle Intelligenz ist, die subjektive Grenzen und Flächen konstruiert" (S. 92). Ist nun der Leser Subjekt seiner visuellen Konstruktionen oder seine visuelle Intelligenz? Hoffman vermischt zwei Sprachspiele, womit für den Leser der Eindruck entsteht, er und seine visuelle Intelligenz seien ein und dasselbe. Obwohl uns, was wir wahrnehmen, *unmittelbar* gegeben ist und im Erleben nichts auf einen Konstruktionsprozess hindeutet, legt uns Hoffman nahe, wir sollten uns als Konstrukteure unserer visuellen Welt verstehen, die den Kontakt mit der Wirklichkeit auf Schritt und Tritt selber aufbauen, indem wir unbewusst aus einem Arsenal an Regeln schöpfen.

Man könnte einwenden, dass Hoffman mit seiner direkten Anrede des Lesers ein didaktisches Anliegen verfolgt, die Vermischung von zwei Sprachspielen also nicht der Sache, sondern lediglich ihrer *Darstellung* geschuldet ist. Schließlich verwenden wir Analogien und Metaphern – sogenannte Eselsbrücken – oft, um anderen das Lernen zu erleichtern. Doch selbst wenn dem so wäre, bliebe als Problem, dass Hoffman (2001) eine innere Instanz postuliert, nämlich eine visuelle Intelligenz, die er als Quasi-Person behandelt, obwohl wir in unserem *Erleben* nichts dergleichen vorfinden. Was legitimiert Hoffman, diese Instanz, deren Status offenbar rein theoretisch begründet ist, in die Wahrnehmungspsychologie einzuführen? Was überzeugt uns, dass er sie zu Recht ins Arsenal der psychologischen Begriffe aufgenommen hat?

Der mereologische Fehlschluss

In ihrer Kritik an der Sprache der Neurowissenschaften geben Bennett und Hacker (2010a) eine Fülle von Beispielen, die ähnlich liegen wie das eben diskutierte Beispiel von Hoffman. Neuropsychologen neigen dazu, ihre Erkenntnisse so darzustellen, als gäbe es einen inneren Akteur (Homunkulus), der psychische Leistungen wie Sehen, Denken oder Erinnern vollbringt, wobei zumeist dem Gehirn diese Akteurrolle zugeschrieben wird. Bennett und Hacker sprechen von einem mereologischen Fehlschluss bzw. einer mereologischen Verwechslung. Sie besteht darin, dass einem Teil des Menschen (seinem Gehirn) Eigenschaften zugeschrieben werden, die nur der Mensch als Ganzes haben kann. Psychologische Begriffe dürfen bei korrekter Verwendung gemäß Bennett und Hacker „nur auf das Lebewesen als Ganzes [...] und nicht auf seine Teile angewendet werden" (S. 105). So ist es nicht das Gehirn oder ein visuelles System, das wahrnimmt, sondern der Mensch bzw. das Lebewesen. Und es sind nicht Hirnareale, die denken oder Schlüsse ziehen, sondern das denkende Individuum.

6.1.3 Die Logik des Als-ob

Hoffman (2001) verweist selten auf das Gehirn. Hinsichtlich des ontologischen Status der visuellen Intelligenz will er sich nicht festlegen (S. 248 ff.). Das ist bei Frisby (1983), der ebenfalls eine Darstellung der visuellen Wahrnehmung vorgelegt hat, anders. Gleich der erste Satz *seines* Buches lautet: „Was passiert in unserem Gehirn, wenn wir sehen?" (S. 9). Frisby vermeidet es, seine Leser als Konstrukteure ihrer Wahrnehmungswelt anzusprechen. Seine Frage ist nicht: Was mache *ich*, wenn ich sehe? Vielmehr fragt er ganz unverblümt: Was macht mein *Gehirn*, wenn ich sehe? Auch er vermengt damit zwei Sprachspiele, nämlich dasjenige der Alltagssprache und dasjenige der Neurophysiologie.

Auch in der Argumentation liegt Frisby (1983) nicht weit von Hoffman, denn die Wahrnehmung ist auch für ihn ein konstruktiver Prozess. Nur ist das Subjekt des Konstruktionsprozesses nicht eine hypothetische visuelle Intelligenz, sondern das reale Gehirn. Auch wenn er sehr zurückhaltend ist, was die Verlässlichkeit der vorhandenen Forschung zum Sehvorgang anbelangt, so spekuliert er doch über die Möglichkeit, dass einmal eine *Sehmaschine* konstruiert werden könnte, die all das technisch leistet, was unser Gehirn auf natürliche Weise zustande bringt. Dabei spielt er zunächst auf den Computer als Instrument zur *Simulation* psychischer Prozesse an, geht dann aber einen Schritt weiter und äußert die Vermutung, dass sich die Differenz zwischen Mensch und Maschine irgendwann aufheben könnte. Eines Tages werde uns die Wissenschaft zeigen, dass auch der Mensch nur eine Maschine ist – wenn auch „eine ganz besondere Art Maschine" (S. 184).

Das Zitat ist erstaunlich, denn es findet sich fast wörtlich auch bei Burrhus Frederic Skinner (1904–1990), dem vielleicht prominentesten Vertreter des Behaviorismus in den USA. Skinner lehnte jede Begrifflichkeit, die sich auf Geistiges bzw. Mentales bezieht, ab und sah in der visuellen Wahrnehmung nichts anderes als eine Form von Verhalten, nämlich *Sehverhalten*. Er mokierte sich über Begriffe wie Repräsentation und Codierung, die auf eine Innerlichkeit verweisen, die seines Erachtens in einer wissenschaftlichen Psychologie nichts zu suchen hat. Im konträren Gegensatz zu Hoffman (2001) und Frisby (1983) heißt es bei Skinner (1989): „There is no evidence [...] that we construct anything when we see the world around us or when we see that we are seeing it. [...] Seeing is behaving and, like all behaving, is to be explained either by natural selection [...] or operant conditioning" (S. 14). Es besteht kein Bedarf für eine kognitive Psychologie, die sich mit einer Innerlichkeit, die nichtphysiologischer Art ist, beschäftigt. Das Konstrukt einer visuellen Intelligenz wird von Skinner (auch wenn er sich nicht explizit darauf bezieht) als unnötige und schädliche Spekulation zurückgewiesen. Wie Frisby (1983) ist Skinner (1974) überzeugt, dass sich die Grenze zwischen Mensch und Maschine bald auflösen wird. Noch mag es topographische Verschiedenheiten geben, d. h. Unterschiede im *Bau* von Mensch und Maschine. Doch bald einmal werden auch diese keine Rolle mehr spielen, weshalb sich bei Skinner fast wörtlich dieselbe Aussage findet wie bei Frisby: „Der Mensch *ist* eine Maschine, allerdings eine ungeheuer komplexe" (S. 244).

Bei dieser Behauptung handelt es sich kaum um eine unbefangene Erkenntnis, denn sie beruht auf einem dreifachen *Als-ob*. Skinner betrachtet den Menschen, *als ob* er eine Maschine wäre, *als ob* er sich wie eine Maschine analysieren ließe und *als ob* man ihn wie eine Maschine bauen könnte. Genau dies ist die Logik eines heuristischen Modells. Heuristische Modelle sind Verkörperungen von Metaphern, und Metaphern beruhen auf einem Als-ob (Herzog, 1983, 1984, S. 92 ff.). Indem sie etwas so sehen lassen, als ob es etwas anderes wäre, kommt Modellen die gegenstandskonstituierende Bedeutung zu, die wir angesprochen haben (vgl. Kapitel 6.1.2). Dass der Mensch oder ein Teil des Menschen wie eine Maschine funktionieren könnte, ist nicht das Ergebnis wissenschaftlicher Forschung, sondern eine apriorische Voraussetzung psychologischer Wissenschaft. Die Maschine dient als Modell, um dem Psychischen eine Form zu geben, die seine wissenschaftliche Analyse allererst ermöglicht. Das ist eine weitgehende These, die es im Folgenden etwas ausführlicher zu begründen gilt.

6.2 Präferenz für das Maschinenmodell

Skinner war nicht der erste Wissenschaftler, der den Menschen mit einer Maschine verglich, ja mit einer solchen gleichsetzte (Boden, 2006). Anfänglich beschränkte sich die „Mechanisierung des Weltbildes" (Dijksterhuis, 1956) auf die unbelebte Natur. Doch schon im 18. Jahrhundert finden sich erste Versuche, den Menschen *integral* als Maschine zu denken, wie etwa bei La Mettrie und seinem Werk *L'Homme machine* (1748). Im 19. Jahrhundert häufen sich die Beispiele, in denen das Modell der Maschine auf geistige Phänomene übertragen wird. Eine plastische Illustration gibt Johann Friedrich Herbart (1776–1841), dessen Psychologie ganz auf die Analogisierung des Psychischen mit mechanischen Prozessen gebaut ist (Herzog, 2005, S. 30 ff.). Ist es Aufgabe der Psychologie, die „geistige Natur des Menschen" (Herbart, 1969, S. 4) zu untersuchen, kann ihr dies nur gelingen, wenn sie ihren Gegenstand in Analogie zu demjenigen der Physik setzt. Freimütig spricht Herbart von einer „Physik des Geistes" (Herbart, 1964c, S. 200) und einer „Statik und Mechanik des Geistes" (Herbart, 1964b, S. 99). „Statik heißt die Lehre vom Gleichgewichte, Mechanik die Lehre von den *Veränderungen*, welche dem Gleichgewichte entweder *vorhergehen*, ehe es sich bilden kann, oder ihm *nachfolgen*, wenn es aufgehoben wurde" (S. 110). Das Bewusstsein denkt sich Herbart explizit als Maschine, die „ganz und gar aus Vorstellungen erbaut ist" (Herbart, 1964a, S. 306f.).

Von Herbart führt eine mehr oder weniger direkte Linie zu Sigmund Freud (1856–1939). Seinem *Entwurf einer Psychologie* aus dem Jahre 1895 stellte er die Absichtserklärung voran, eine naturwissenschaftliche Psychologie schaffen zu wollen. Die psychischen Vorgänge sollen „als quantitativ bestimmte Zustände aufzeigbarer materieller Teile" (Freud, 1975, S. 305) dargestellt werden. Obwohl Freud (1980) auch später fest davon überzeugt war, „dass die seelische Tätigkeit an die Funktion des Gehirns gebunden ist wie an kein anderes Organ" (S. 133), scheiterte sein Unterfangen. Es gelang ihm nicht, die psychischen Funktionen an einen *neuronalen* Apparat anzubinden. Dementsprechend wechselte die Terminologie und Freud sprach von einem *psychischen Apparat*, dessen Ausarbeitung aber noch einige Zeit in Anspruch nahm. Wie die visuelle Intelligenz von Hoffman (2001) ist der psychische Apparat Freuds ein hypothetisches Konstrukt, das sich weder im Erleben noch im Verhalten auffinden lässt. Er bildet eine Ordnungsform, die dazu dient, Psychisches begrifflich fassbar, theoretisch artikulierbar und empirisch erforschbar zu machen.

Obwohl man glauben könnte, die Behavioristen hätten sich einer von Bildern freien Sprache bedient, die rein deskriptiv auf das Verhalten referiert, findet sich nicht nur bei Watson und Skinner, sondern bei vielen weiteren Repräsentanten der behavioristischen Psychologie eine Vielzahl an technomorphen Metaphern. Clark Hull (1884–1952) fertigte in den 1920er- und 1930er-Jahren verschiedene Baupläne für mechanische Geräte an, um das Funktionieren der Psyche zu illustrieren. Um der Gefahr der voreiligen Unterstellung menschlicher Eigenschaften zu begegnen, wird der Psychologe aufgefordert, „to regard [...] the behaving organism as a completely self-maintaining robot, constructed of materials as unlike ourselves as may be" (Hull, 1943, S. 27). Der *robot approach*, den Hull seiner Psychologie zugrunde legte, ließ ihn prophezeien, dass in einer nicht allzu fernen Zukunft „the concept of a ‚psychic machine' may become by no means a paradox" (Baernstein & Hull, 1931, S. 106).

Die Maschinen, die damals zur Verfügung standen, um als Modelle für den Menschen zu dienen, waren relativ einfache mechanische oder elektrische Geräte. Das änderte sich in den 1950er-Jahren. Unverhofft fiel der Psychologie ein Modell in den Schoss, das auch komplizierte innere Prozesse thematisieren lässt: der Computer. Das wurde rasch erkannt. So etwa von Miller, Galanter und Pribram (1973), deren 1960 erschienenes Buch *Plans and the Structure of Behavior* viel dazu beitrug, dass sich die Psychologie vom behavioristischen Verständnis des Menschen allmählich abwandte. Die Autoren hielten es für richtig, „das automatenhafte Reiz-Reaktions-Konzept vom Menschen" (S. 11) aufzubrechen und „zwischen den Reiz und die Reaktion ein bisschen Weisheit einzuschieben" (S. 12). Menschen würden sich an mentalen Bildern und Plänen orientieren und sich nicht aufgrund von Assoziationen zwischen Reizen und Reaktionen verhalten. Miller, Galanter und Pribram scheuten nicht davor zurück, „ein wenig Introspektion" zu treiben und dem erstaunten Leser mitzuteilen, dass sie glauben, damit Recht zu haben (S. 140 ff.).

Was machte sie so sicher? Das Modell, auf das sie sich beriefen! Schon auf den ersten Seiten ihres Buches geben Miller, Galanter und Pribram (1973) zu verstehen: „Die Vorstellung eines Planes, der das Verhalten leitet, gleicht [...] der Vorstellung eines Programms, das in einem elektronischen Computer gebraucht wird" (S. 12). Der Computer dient als Metapher, um der Psychologie ein Modell verfügbar zu machen, das ihr ein neues Verständnis ihres Gegenstandes erlaubt. Dank der Computermetapher müssen wir nicht länger glauben, „jeder, der komplizierte Informationsverarbeitungsvorgänge bei Organismen postuliert, appelliere an mysteriöse, vitalistische, zweideutige oder unwissenschaftliche Prinzipien" (S. 186). Weil es eine Maschine gibt, die den Eindruck erweckt, über geistiges Potential zu verfügen, scheint die Rede von inneren Vorgängen ihren fiktionalen Charakter zu verlieren. Der Computer erweist sich als *Existenzbeweis* für die Realität psychischer Prozesse.

Miller, Galanter und Pribram (1973) zeigen besonders anschaulich, wie Modellen in der Psychologie apriorischer Charakter zukommt. Denn dass sich Psychisches als *Computerprogramm* verstehen lässt, kann weder durch Introspektion eigenen Erlebens noch durch Beobachtung fremden Verhaltens erkannt werden, sondern ist eine Festlegung nicht-empirischer Art. Es ist eine Modellwahl, die dem Psychischen eine bestimmte Form gibt. Es ist zudem eine Modellwahl, die in der Tradition bisheriger Modellwahlen in der Psychologie steht. Denn der Computer stellt lediglich die neueste Variante einer *Maschine* dar.

Wenn Draaisma (1999) feststellt, dass die Metaphern der Behavioristen „keinen *Kontrast* zu denjenigen der kognitiven Psychologie (bilden), [sondern] [...] vielmehr deren *Vorläufer* gewesen (sind)" (S. 142), dann lässt sich diese Diagnose auch so deuten, dass die Maschine auch für die kognitive Psychologie das grundlegende Modell des Psychischen geblieben ist. Gegenüber den klassischen mechanischen Modellen hat der Computer den Vorteil, dass er auch für mentale Prozesse eine technische Analogie bietet. Die Möglichkeit, psychische Prozesse als Rechenvorgänge darzustellen, bildete denn auch eine wesentliche Voraussetzung für die kognitive Wende der Psychologie.

Was der Computer für die kognitive Psychologie leistet, ist demnach – wie sich Draaisma (1999, S. 165) ausdrückt – *Vorführung*. Es scheint, als ließe sich dank des Computers zeigen, was mit Prozessen wie Wahrnehmen, Denken, Vorstellen, Problemlösen oder Erinnern gemeint ist. Und zwar auf ganz andere Weise als bei Wundt, dem das Psychische real war, weil wir es in unserem Bewusstsein anschaulich erleben (vgl. Kapitel 1.3.1). Wo Wundt keiner Hilfsmittel zur Veranschaulichung des Psychischen bedurfte, da es bereits anschaulich *ist*, da leistet der Computer, was auch der psychische Apparat für Freud leistet: Psychisches in einem Modell zu *veranschaulichen*. Indem man sich das Psychische als Computerprogramm vorstellt, gewinnt es an Realität (vgl. Kapitel 8).

Wenn wir auf die eingangs gestellte Frage, ob das kuhnsche Konzept des Paradigmas auf die Geschichte der Psychologie anwendbar ist, zurückkommen, dann ergibt sich eine unerwartete Antwort. Denn auf der Modellebene kann von einem Paradigmenwechsel nicht die Rede sein. Ob in der Psychoanalyse, im Behaviorismus oder in der kognitiven Psychologie, das Modell der Maschine dominiert die psychologische Theoriebildung seit dem 19. Jahrhundert. Die Kontinuität kommt in einem Zitat wie dem folgenden prägnant zum Ausdruck: „Today we are no longer required to think of a man as a voltage source, but can look at him as a source of information, or a channel through which information can flow" (Miller, 1976, S. 52). Der Mensch ist zwar nicht länger ein Elektroapparat, eine Maschine ist er aber trotzdem, wenn auch eine, die Information verarbeitet.

Weiterführende Literatur

Draaisma, D. (1999). *Die Metaphernmaschine. Eine Geschichte des Gedächtnisses*. Darmstadt: Wissenschaftliche Buchgesellschaft.
Haverkamp, A. (Hrsg.) (1996). *Theorie der Metapher* (2., ergänzte Aufl.). Darmstadt: Wissenschaftliche Buchgesellschaft.
Hesse, M. B. (1970). *Models and Analogies in Science* (2. Aufl.). Notre Dame: University of Notre Dame Press.
Leary, D. E. (Hrsg.) (1990). *Metaphors in the History of Psychology*. Cambridge: Cambridge University Press.

7 Gesetze und Erklärungen

Wie eine Wissenschaft den Anspruch auf Realitätsgehalt ihrer empirischen Aussagen einlösen kann, scheint sich in wenigen Worten nicht sagen zu lassen. Wir haben drei Kapitel gebraucht – wenn wir die Ausführungen zum Wissensbegriff und zu den Wahrheitstheorien hinzunehmen sogar vier –, um auszuführen, wie die Kontaktnahme einer Realwissenschaft mit der Wirklichkeit zu verstehen ist. Auch wenn wir nicht sagen können, wir hätten in dieser Sache letzte Klarheit gewonnen, wissen wir doch genug, um uns einigen weiteren wissenschaftstheoretischen Themen zuzuwenden. Eines dieser Themen betrifft die Erwartung, dass Wissenschaften Tatsachen nicht nur *feststellen*, sondern auch *erklären* können.

In psychologischen Einführungstexten wird der Anspruch auf Erklärung regelmäßig als wichtiges Anliegen der Disziplin ausgewiesen. So nennt Maderthaner (2008, S. 30 ff.) vier Hauptziele der Psychologie als Wissenschaft, nämlich Beschreiben, Erklären, Vorhersagen und Verändern. Mit leicht anderer Akzentsetzung heißt es bei Gerrig und Zimbardo (2008, S. 4), Psychologen, die *Grundlagenforschung* betreiben, würden beabsichtigen, Verhalten zu beschreiben, zu erklären, vorherzusagen und zu kontrollieren; Psychologen, welche die Ergebnisse der Forschung *anwenden*, würden sich noch ein weiteres Ziel vornehmen, nämlich die Lebensqualität der Menschen zu verbessern.

Während Tatsachen Antworten auf *Was*-Fragen sind, versuchen Erklärungen *Warum*-Fragen zu beantworten (Schurz, 2006, S. 225 f.). Was aber ist eine Erklärung? Maderthaner (2008, S. 32) verweist auf Gesetze und Theorien. Für Westermann (2000) nimmt eine adäquate wissenschaftliche Erklärung „auf gesetzmäßige und ursächliche Zusammenhänge zwischen verschiedenen Variablen Bezug" (S. 139). Erklärungen hätten demnach mit Theorien, Gesetzen und der Angabe von Ursachen zu tun. Westermann betont denn auch, dass die Themen der Gesetzmäßigkeit, der Kausalität und der Erklärung eng miteinander verbunden sind. Das hat zur Folge, dass auch auf die Frage, was eine wissenschaftliche Erklärung ist, keine einfache Antwort zu erwarten ist. Denn offensichtlich genügt es nicht, wenn wir einfach den Begriff der Erklärung erläutern. Wir müssen mit diskutieren, was unter einem Gesetz und was unter Kausalität zu verstehen ist. Genau das haben wir für dieses Kapitel vorgesehen.

Wir stellen zunächst das Standardmodell der Erklärung vor (7.2), gehen danach auf den Gesetzesbegriff ein (7.3) und diskutieren zwei alternative Erklärungsformen, nämlich dispositionelle (7.4) und teleologische Erklärungen (7.5). Abschließend kommen wir auf den Kausalitätsbegriff zu sprechen (7.6), den wir in diesem Kapitel aber erst vorläufig klären können, weshalb wir mit unseren Bemühungen im nächsten Kapitel weiterfahren werden. Vorgängig müssen wir jedoch noch ein Thema aufgreifen, ohne das der Erklärungsbegriff unvollständig erläutert bliebe, nämlich das Verhältnis von Erklärung und *Beschreibung* (7.1).

7.1 Keine Erklärung ohne Beschreibung

Eine Erklärung gibt also eine Antwort auf eine Warum-Frage. Erklärt wird, warum etwas der Fall ist. Damit wird sofort klar, dass wir nur erklären können, wovon wir zuvor eine Beschreibung angefertigt haben. Nur wenn wir wissen, *was* vorgefallen ist, können wir fragen, *warum* es vorgefallen ist. Da sich Ereignisse aber auf verschiedene Weise, ja auf *unendlich* verschiedene Weise beschreiben lassen, kann eine Erklärung immer nur eine Erklärung unter einer *bestimmten* Beschreibung sein (Westermann, 2000, S. 165). Verändert man die Beschreibung, ändern sich auch die Voraussetzungen für die Erklärung.

Nehmen wir als Beispiel eine Maus, die in der Waschküche vor unserem Haustiger Reißaus nimmt. Um zu verstehen, was vorgegangen ist, genügt diese alltagssprachliche Beschreibung völlig. Und sie dürfte auch hinreichen, um zu *erklären*, was sich zugetragen hat. Denn die Maus rettete ihr Leben, indem sie sich dem Einfluss der Katze entzog. Damit wir die Szene aber so einfach beschreiben können, brauchen wir einiges an Wissen über Katzen und Mäuse. Wo uns dieses Wissen fehlt, und das ist überall der Fall, wo eine Wissenschaft in unbekanntes Gebiet vorstößt, da stellt sich die Frage, wie ein Ereignis zu beschreiben ist.

Nehmen wir an, wir wüssten nichts über Katzen und Mäuse. Wie würden wir dann beschreiben, was wir gesehen haben? Logische Empiristen legen uns nahe, unsere Beschreibungen in physikalischer Sprache abzufassen. Demnach müssten wir angeben, was wir in den Koordinaten von Raum und Zeit beobachten, zum Beispiel dass sich die Maus Richtung Norden bewegt, dass sie sich in hohem Tempo bewegt, dass sie sich in gleicher Richtung wie die Katze von dieser wegbewegt, dass sie sich schnurgerade auf die offene Tür zu bewegt, dass ihr Herz rasend schlägt, während sie sich bewegt etc. Es gibt unendlich viele Möglichkeiten, die Bewegungen, welche die Maus vollführt, während sie vor der Katze davonläuft, zu beschreiben. Keine dieser Beschreibungen wird jedoch den *Sinn* des Verhaltens erfassen, so dass wir für eine Erklärung schlicht keine brauchbare Beschreibung haben.

Nehmen wir noch ein anderes Beispiel. Die Behavioristen haben sich einiges darauf eingebildet, die Psychologie in einer physikalischen Sprache zu begründen (vgl. Kapitel 4.2). Skinner (1976) war der Meinung, dass der Behaviorismus mit der Annahme beginnt, „that the world is made of only one kind of stuff. […] Organisms are part of that world, and their processes are therefore physical processes" (S. 212). Doch genauso wie sich das Verhalten der Maus, die von der Katze davonläuft, zwar physikalisch beschreiben *ließe*, damit aber für eine sinnvolle Erklärung des Verhaltens nichts gewonnen wäre, würde das Verhalten einer Ratte in einer Skinner-Box keinen Sinn machen, wenn wir es physikalisch beschreiben wollten. Denn die Ratte kann den Mechanismus, der den Futtertrog öffnet und ihr die Futterkörner als Verstärkung zuführt, auf verschiedene Arten öffnen, zum Beispiel indem sie den Hebel mit der linken oder mit der rechten Vorderpfote drückt, indem sie sich mit ihrem Hinterteil drauf setzt, indem sie mit ihrer Schnauze drauf drückt, indem sie all dies von links oben oder von rechts unten oder in direkter Gegenposition zum Futtertrog tut. Skinner (1966) hat dies durchaus gesehen, wenn er schreibt: „The number of distinguishable acts on the part of the rat that will give the required movement of the lever is indefinite and very large. They constitute a class, which is […] defined by the phrase ‚pressing the lever'" (S. 37). Um jedoch die *Klasse* der Verhaltensweisen zu bilden, der die Bezeichnung ‚Hebeldrücken' zugewiesen wird, ist es nicht hinreichend, wenn dem Wissenschaftler lediglich physikalische Begriffe zur Verfügung stehen.

Rein physikalisch gesehen, gibt es nicht nur unendlich viele Möglichkeiten, die *Reaktion* eines Lebewesens zu beschreiben. Auch wenn wir die *Reize* beschreiben wollen, auf die ein Lebewesen reagiert, stehen wir vor einem *embarras de richesse*. Dass die Maus vor der *Katze* davongerannt ist, haben wir ohne weiteres angenommen. Aber ohne biologisches Wissen hätten wir auch irgendeinen anderen Reiz für das Verhalten der Maus verantwortlich machen müssen. Wie also kann der Behaviorist herausfinden, welcher Reiz für welche Reaktion verantwortlich ist? Er kann es nur, wenn er abwartet, wie das Lebewesen reagiert, um dann aufgrund der Reaktion auf den Reiz *zurückzuschlie-*

ßen. Das aber heißt, dass sich die Begriffe Reiz und Reaktion nicht unabhängig voneinander definieren lassen, womit der vermeintliche Physikalismus der behavioristischen Psychologie auch auf der Reizseite untergraben wird.

Der tautologische Charakter der behavioristischen Begriffe lässt sich am Beispiel von Skinner besonders anschaulich belegen. Was Skinner untersucht hat, ist nicht *irgendwelches* Verhalten, sondern *operantes* Verhalten, d. h. Verhalten, das aufgrund von Verstärkung häufiger oder seltener auftritt. Doch woran erkennt man operantes Verhalten? Man kann es nur daran erkennen, dass sich seine Auftretenswahrscheinlichkeit durch Verstärkung beeinflussen lässt. Und woran erkennt man einen Verstärker? Man kann ihn nur daran erkennen, dass er die Auftretenshäufigkeit einer operanten Verhaltensweise zu verändern vermag.

Die Zirkularität der behavioristischen Grundbegriffe ist verschiedentlich konstatiert worden (Hillner, 1985, S. 92, 103 ff.; Westmeyer, 1973, S. 53 f.). Sie hat zur Folge, dass nicht *Verhaltensweisen* Gegenstand der behavioristischen Analyse sind, auch nicht *Verhaltensklassen,* sondern nur Klassen von *Verhaltenssequenzen.* Erst aus der zeitlichen Sequenz Reiz – Reaktion – Verstärkung lässt sich herauslesen, was der Gegenstand der behavioristischen Verhaltensanalyse ist und was Behavioristen unter Verhalten überhaupt *verstehen.*

Die tautologische Struktur der behavioristischen Begrifflichkeit hat eine sehr präzise zu bezeichnende Funktion, die von den Behavioristen allerdings verschleiert wird. Sie setzt nämlich den behaupteten Physikalismus außer Kraft, indem sie die Beobachtungseinheit der Verhaltensanalyse als *Sinneinheit* ausgrenzt. Die Sinneinheit einer psychologischen Analyse kann nicht auf der physikalischen Ebene vorgefunden werden, also wird der Forschung quasi definitorisch vorgegeben, was als Verhalten zählt. Damit zeigt sich gerade am Beispiel des Behaviorismus, dass es eine voraussetzungsfreie Beschreibung von Verhalten nicht gibt. In der Zirkularität ihrer Grundbegriffe verstecken die Behavioristen gleichsam die apriorischen Voraussetzungen ihrer Psychologie, ohne die auch sie nicht in der Lage wären zu erkennen, was ihr Gegenstand ist und wovon ihre Disziplin handelt. Voraussetzungen dieser Art sagen dem Forscher, was er zu beobachten und wie er seine Beobachtungen zu beschreiben hat. Die Was-Frage präjudiziert in gewisser Weise die Warum-Frage. Wenn er von der Beschreibung des Phänomens zu dessen Erklärung übergeht, hat der Forscher seine Unschuld gleichsam schon verloren.

7.2 Das Hempel-Oppenheim-Schema

Gemäß Mandler und Kessen (1959) wird ein Ereignis erklärt, indem es als Fall eines Gesetzes ausgewiesen wird. Dahinter steht das sogenannte Hempel-Oppenheim-Schema der Erklärung. Weil es von Gesetzen ausgeht, denen der zu erklärende Sachverhalt subsumiert wird, ist für das Hempel-Oppenheim-Schema auch die Bezeichnung Subsumtionsmodell der Erklärung geläufig (Schurz, 2006, S. 223 f.).

Was erklärt wird, heißt *Explanandum*; das, womit erklärt wird, nennt man *Explanans*. Die Standardvariante einer wissenschaftlichen Erklärung verlangt demnach zwei Angaben, nämlich die Angabe eines Gesetzes (oder mehrerer Gesetze) und die Angabe von Antezedensbedingungen (auch Randbedingungen genannt). Beides zusammen lässt das Explanandum als *logische Folgerung* aus dem Explanans ableiten. Wenn wir beispielsweise erklären wollten, warum Hans aggressiv ist (Explanandum), könnten wir uns auf die Frustrations-Aggressions-Theorie berufen, deren Kernaussage in der Behauptung eines gesetzmäßigen Zusammenhangs zwischen Frustration und Aggression besteht. Wenn wir wissen, dass Hans eben eine Frustration erlitten hat, dann taugt dies als Antezedensbedingung, so dass sich das aggressive Verhalten von Hans wie folgt erklären lässt:

G: Für alle Menschen (Lebewesen) gilt: Wenn sie eine Frustration erleiden, dann reagieren sie mit Aggression.
A: Hans hat eine Frustration erlitten.

E: Hans reagiert mit Aggression.

G steht für Gesetzesaussage, A für Antezedensbedingung und E für das Ereignis, das erklärt werden soll (Explanandum). G und A zusammen bilden das Explanans.

Das Beispiel zeigt, dass mit dem Hempel-Oppenheim-Schema nicht *Ereignisse*, sondern *Aussagen*, die Ereignisse *beschreiben*, erklärt werden. Auch für die Antezedensbedingungen gilt, dass sie in Form von Aussagen vorliegen. Und selbstverständlich sind uns auch Gesetze lediglich in sprachlicher Form verfügbar. Das zeigt nochmals, dass die Wissenschaft nur erklären kann, was sie zuvor beschrieben hat. Es zeigt aber auch, dass sich kein Ereignis *erschöpfend* erklären lässt. „Denn ein konkretes Ereignis besitzt unendlich viele verschie-

dene Aspekte und ist deshalb nicht vollständig beschreibbar, geschweige denn vollständig erklärbar" (Hempel, 1977, S. 137).
Das Hempel-Oppenheim-Schema ist nicht ohne Probleme. Auf einige davon wollen wir etwas näher eingehen. Das gibt uns zugleich die Gelegenheit, die Begriffe des Gesetzes und der Kausalität einzuführen.

7.3 Nomologische Erklärungen

Das Hempel-Oppenheim-Schema verlangt von einer Erklärung, dass sie mindestens auf ein Gesetz Bezug nimmt.[27] Man spricht daher auch von einer nomologischen oder deduktiv-nomologischen Erklärung (von gr. *nomos* = Gesetz). Gesetze haben eine *konditionale* Struktur, wie wir am Beispiel der Frustrations-Aggressions-Theorie gesehen haben: *Wenn* A (Frustration), *dann* B (Aggression). Und sie gelten im Idealfall ohne räumliche und zeitliche Einschränkung: Wenn A, dann B, *und zwar immer und überall*.

7.3.1 Konditionalismus vs. Kausalismus

Der Anspruch, den das Hempel-Oppenheim-Schema erhebt, ist damit ehrgeizig und bescheiden zugleich. Er ist *ehrgeizig*, weil es in der Psychologie kaum Gesetze dieser Art gibt. Selbst der Ausdruck *Gesetz* wird in der Psychologie eher selten verwendet. Allenfalls in der Psychophysik ist vom Weber-Fechnerschen Gesetz die Rede (die Empfindung ist eine logarithmische Funktion des Reizes), in der Wahrnehmungspsychologie von Gestaltgesetzen (wie dem Gesetz der Ähnlichkeit oder dem Prägnanzgesetz), in der Lernpsychologie vom Effektgesetz (eine Reaktion tritt häufiger auf, wenn sie einen befriedigenden Zustand zur Folge hat) oder in der Motivationspsychologie vom Yerkes-Dodson-Gesetz (die Leistungsfähigkeit ist bei mittlerer Aktivierung am größten). Aber selbst in diesen Fällen ist oft nicht von einem Gesetz, sondern von einem Prinzip, einer Regel oder einer Tendenz die Rede, da der Nachweis, dass es sich um universelle Gesetze handelt, in den wenigsten Fällen erbracht ist.

Nach Gadenne (2004) verhindern zwei Formen von Unvollständigkeit, dass psychologische Aussagen gesetzesartigen Charakter haben. *Einerseits* nennen

---

[27] Gemeint sind natürlich nicht Gesetze im Sinne von Rechtssetzungen, weshalb der Begriff des *Naturgesetzes* angemessener wäre. Der Einfachheit halber sprechen wir im Folgenden trotzdem lediglich von Gesetzen.

psychologische Theorien die relevanten Faktoren stets nur fragmentarisch. Und zwar nicht nur im Falle von isolierten Zusammenhangsbehauptungen, sondern auch im Falle von ausformulierten Theorien. Dies einfach deshalb, weil die Kausalbedingungen von psychischen Phänomenen im Allgemeinen so komplex sind, dass sich deren vollständige Nennung ausschließt. *Andererseits* beziehen sich psychologische Aussagen im Allgemeinen auf den durchschnittlichen Normalfall (auch weil wir es zumeist mit statistischen Gesetzen zu tun haben). Es kann aber nie ausgeschlossen werden, dass im konkreten Fall der Normalfall gerade nicht gegeben ist. Einschränkungen der universellen Gültigkeit von Gesetzen werden *Ceteris-paribus*-Bedingungen genannt. In der Psychologie sind solche Bedingungen die Regel, auch wenn sie selten thematisiert werden.

Ceteris paribus wird verschieden übersetzt (Keil, 2000, S. 227 ff.); die sinnvollste Übersetzung ist jedoch: *unter sonst gleichen Bedingungen*. Damit wird zum Ausdruck gebracht, dass die Umstände, unter denen ein Gesetz angewandt wird, gleich sein sollen, auch wenn sie im Einzelnen gar nicht bekannt sind und vom Gesetz deshalb auch nicht genannt werden können. Würden die Bedingungen von Anwendung zu Anwendung ändern, könnten wir nicht sicher sein, dass wir das Gesetz noch zu Recht anwenden. Wann aber sind – in der Psychologie – schon sämtliche Bedingungen (auch die uns unbekannten) gleich, wenn wir ein Gesetz anwenden? Allerdings ist die Situation in der Psychologie keineswegs spezifisch, weshalb die Annahme, es gebe universelle Gesetzesaussagen in der Wissenschaftstheorie zunehmend in Frage gestellt wird.

Ist der Anspruch, den der Gesetzesbegriff hinsichtlich universeller Gültigkeit erhebt, äußerst ehrgeizig, ist er in einer anderen Hinsicht eher *bescheiden*. Denn wenn von einem Gesetz lediglich erwartet wird, dass es eine Aussage über einen empirisch belegbaren *Zusammenhang* zwischen Variablen macht, dann fehlt eine Forderung, die wir einem Gesetz gegenüber intuitiverweise erheben, dass es nämlich eine *Kausalbeziehung* aufdeckt. Es ist in der Tat charakteristisch für die Vertreter des Logischen Empirismus, dass sie sich mit diesem bescheidenen Anspruch an den Gesetzesbegriff begnügen. Gemäß Carnap (1986) ist eine Aussage über eine Kausalbeziehung nichts anderes als eine *Beschreibung* in Form eines Bedingungssatzes. „Sie beschreibt eine beobachtete Regelmäßigkeit der Natur und nicht mehr" (S. 201). Diese Auffassung wird gelegentlich *Konditionalismus* genannt und vom *Kausalismus* unterschieden, der von einer Erklärung erwartet, dass sie die Ursachen eines Ereignisses benennt (vgl. Kapitel 7.6).

7.3.2 Deterministische vs. statistische Gesetze

Das Hempel-Oppenheim-Schema setzt nicht nur *Gesetze*, sondern *deterministische* Gesetze voraus, die es in der Psychologie aber noch weniger gibt. Die meisten psychologischen Zusammenhangsbehauptungen sind statistischer Art und gelten nur mit einer gewissen Wahrscheinlichkeit. So zeigt die Forschung zur Frustrations-Aggressions-Theorie, dass der ursprünglich behauptete deterministische Zusammenhang zwischen Frustration und Aggression *nicht* besteht.

Hempel hat versucht, das deduktiv-nomologische Erklärungsmodell auf statistische Schlüsse auszuweiten, was ihm aber nicht gelungen ist (Schurz, 2006, S. 230 ff.; Westermann, 2000, S. 175 ff.). Statistische Erklärungen bzw. induktiv-statistische *Begründungen* (wie sie von Hempel schließlich genannt wurden) sind mit dem Problem der Induktion belastet (vgl. Kapitel 2.2.3). Ein statistisches Gesetz gilt nur mit einer gewissen Wahrscheinlichkeit, was zur Folge hat, dass eine Erklärung auch dann logisch korrekt sein kann, wenn die Konklusion falsch ist, wenn also Hans – im obigen Beispiel – trotz Frustration *nicht* aggressiv reagiert. Zudem ergeben sich gravierende logische Probleme, sobald mehrere statistische Gesetzmäßigkeiten ins Explanans aufgenommen werden.

7.4 Dispositionelle Erklärungen

Die bisher diskutierten Probleme können als Einschränkung der Anwendbarkeit des Hempel-Oppenheim-Schemas interpretiert werden. Das ist im Falle der folgenden Einwände anders, da sie es grundsätzlich in Frage stellen.

Nicht nur im Alltag, auch in der Wissenschaft erklären wir oft, indem wir auf *Dispositionen* Bezug nehmen. Wir vermuten, dass unser Bruder Max deshalb eine schlechte Physikprüfung geschrieben hat, weil er einen Anfall von Prüfungsangst erlitten hat. In der Leichtsinnigkeit unseres Nachbarn sehen wir die Erklärung dafür, dass bei ihm eingebrochen wurde, denn wie so oft hat er wieder einmal die Haustür nicht abgeschlossen. Der Begriff des Motivs ist ebenso eine dispositionelle Größe, wie die Intelligenz ein „Ausdruck für eine Disposition (ist), d. h. eine dauernde Fähigkeit und Strebigkeit zur Vollziehung von Denktätigkeiten" (Stern, 1920, S. 1). Dispositionen sind Eigenschaften von Personen oder Objekten, die zeitlich überdauern, sich in einer Vielzahl von Umständen manifestieren können und der Person bzw. dem Objekt auch zugeschrieben werden, wenn sie aktuell nicht erkennbar sind.

Nach anfänglicher Weigerung sind Dispositionen im Logischen Empirismus aus der Verlegenheit heraus akzeptiert worden, dass nicht alles Verhalten auf situative Reize zurückgeführt werden kann. Aussagen über Dispositionen gelten im Logischen Empirismus aber trotzdem nicht als Gesetzesaussagen. „Die Aussage, dass dieses Stück Zucker löslich ist, heißt, dass es sich auflösen würde, wenn es in Wasser getaucht würde, gleichgültig wo und wann und in welche Wassermenge" (Ryle, 1997, S. 163). Erklärend ist der Kontakt des Zuckers mit dem Wasser, nicht seine Löslichkeit. Vergleichbares gilt für eine zerbrochene Fensterscheibe. Zerbrochen ist sie nicht, weil sie zerbrechlich war oder von einem Stein getroffen wurde, sondern *als* sie von einem Stein getroffen wurde, *weil* sie zerbrechlich war. „Fragen, warum das Glas zerbrach, heißt nach der Ursache seines Zerbrechens fragen, und in dieser Bedeutung erklären wir das Zerbrechen des Glases, wenn wir berichten, es sei von einem Stein getroffen worden" (S. 114).[28]

In der neueren Wissenschaftstheorie spielen Dispositionen eine weit positivere Rolle als zur Zeit der Vorherrschaft des Logischen Empirismus. Bartelborth (2007) ist gar der Meinung, dass *jede* Erklärung auf Dispositionen Bezug nimmt. Dispositionen sind Vermögen oder Kräften vergleichbar, die etwas hervorbringen. Wo in der Kausalität eine notwendige Bedingung für eine Erklärung gesehen wird, liegt es daher nahe, auf Dispositionen zurückzugreifen.

7.5 Teleologische Erklärungen

Erklärungen geben Antworten auf Warum-Fragen. Aber muss jede Warum-Frage im gleichen Sinn beantwortet werden? In der Psychologie akzeptieren wir auch Erklärungen, die auf den Zweck eines Verhaltens verweisen. Die Rede ist von *teleologischen Erklärungen* (von gr. *telos* = Zweck), die allerdings in zwei Varianten vorkommen, die klar auseinandergehalten werden sollten. Gemeint sind *intentionale* Erklärungen auf der einen Seite und *funktionale* Erklärungen auf der anderen Seite.

---

[28] Dabei wird allerdings unterstellt, dass eine Erklärung die Erklärung eines *Ereignisses* ist. Dispositionen sind keine Ereignisse und scheinen deshalb *per se* nicht erklärend zu sein. Das kann man bestreiten, denn es gibt auch *Zustände*, denen wir Erklärungswert beimessen. So bildet die Gravitation die Ursache dafür, dass wir aufrecht auf der Erde stehen. Sie wirkt aber permanent und ist damit kein Ereignis, sondern ein Zustand.

7.5.1 Intentionale Erklärungen

Erinnern wir uns: Wir haben die Alltagspsychologie eine *belief-desire*-Psychologie genannt, weil das alltagspsychologische Erklärungsschema auf Wünsche *(desires)* und Überzeugungen *(beliefs)* Bezug nimmt (vgl. Kapitel 1.1). Handlungen werden erklärt, indem wir die Wünsche und Ziele einer Person sowie ihr Wissen um die beste Methode, das Ziel zu erreichen, in Rechnung stellen und die beiden Erklärungselemente miteinander verbinden. Dabei suchen wir nicht nach den *Ursachen* einer Handlung, sondern nach ihren *Gründen*, erklären also nicht *kausal*, sondern *intentional*.[29]

Erklärungen durch Gründe sind der Art nach von Erklärungen durch Ursachen verschieden. „Während diese erklären, indem sie zeigen, dass das, was geschah, im Hinblick auf vergangene Regelmäßigkeiten nicht überraschend ist, erklären jene, indem sie zeigen, dass das, was getan wurde, verständlich ist, weil es vom Standpunkt des Handelnden aus das war, was zu tun war" (Mischel, 1981, S. 13). Mischel geht es darum, die besondere Situation der *Person*, deren Handeln zur Diskussion steht, in die psychologische Erklärung einzubeziehen. Der Standpunkt des Handelnden gibt den Maßstab, um zu beurteilen, was er getan hat. Da dieser Standpunkt ein individueller ist, ist die Subsumtion unter ein allgemeines Gesetz unangebracht. Anders als eine nomologische Erklärung, die den Einzelfall aufhebt, indem sie ihn zum beliebigen Fall eines allgemeinen Gesetzes macht, bewahrt eine intentionale Erklärung die Besonderheiten des Einzelfalls.

Lässt sich zielbezogenes Handeln aber nicht doch kausalistisch erklären? Die Frage kann hier nicht zureichend beantwortet werden, da sie äußerst kontrovers diskutiert wird und die Aufarbeitung einer umfangreichen Literatur voraussetzen würde. Eine Beobachtung sei trotzdem angestellt. Auffällig an den Beispielen, die sowohl von den Intentionalisten wie von den Kausalisten vorgebracht werden, ist deren durchwegs alltäglicher Charakter. Da lüftet jemand ein Zimmer, da klingelt jemand an der Haustür, da betätigt jemand einen Lichtschalter, da geht eine Fensterscheibe in Brüche, da klettert einer aufs Hausdach, um seinen Hut zu holen, da wird ein Tyrann ermordet etc. Bei Taylor (1975) ist immer wieder explizit davon die Rede, dass es um „unsere alltäglichen Erklärungen des Handelns" (S. 77) geht, um „die Sprache der gewöhnlichen Erklärung" (S. 97) und um „unsere alltägliche Begründung von

---

[29] Intentionale Erklärungen sind psychologisch insofern von dispositionellen Erklärungen verschieden, als Intentionen geistige Phänomene sind, während Dispositionen Verhaltensbereitschaften beinhalten.

Verhalten" (S. 105). Es scheint, als würde die intentionalistische Erklärung der *Alltagspsychologie* zugehören, während in der wissenschaftlichen Psychologie kausalistische Erklärungen vorherrschen.

Falls dies zutreffen sollte, ließe sich der Gegensatz zwischen kausaler und intentionaler Erklärung auf einfache Art auflösen. Über menschliches Verhalten scheinen wir in verschiedenen Zungen zu sprechen. Da es keine unumstößlichen Vorgaben gibt, wie wir etwas zu beschreiben haben (vgl. Kapitel 7.1), kann ein und dasselbe Verhalten unter der einen Beschreibung intentional und unter der anderen nicht-intentional sein. Wird das Verhalten als Handlung beschrieben, legt sich eine intentionale Erklärung nahe, wenn nicht, kann es kausal erklärt werden (Wright, 1974, S. 113 ff.). Intentionalisten und Kausalisten „knüpfen das Begriffsnetz, durch das sie die Welt sehen, verschieden – und dementsprechend sehen sie auch die Welt verschieden" (S. 14).

Für die Beurteilung des Verhältnisses von Alltags- und wissenschaftlicher Psychologie, das wir noch nicht restlos geklärt haben, würde dies bedeuten, dass die wesentlichen Unterschiede apriorischer Art sind (vgl. Kapitel 9.3.2). Die Alltagspsychologie ist auf andere apriorische Voraussetzungen gebaut – auf ein anderes Menschenbild sozusagen – als die wissenschaftliche Psychologie.

7.5.2 Funktionale Erklärungen

Intentionale Erklärungen nehmen Bezug auf innere Zustände. Teleologisch sind sie in dem Sinn, dass sich das Individuum ein Ziel setzt und mental vorwegnimmt, was es erreichen will. Zu dieser Leistung scheinen allein Menschen in der Lage zu sein (Bischof, 1985, S. 540 ff.). Tiere mögen zwar ebenfalls vorsorgliches Verhalten zeigen (wie ein Eichhörnchen, das einen Vorrat an Nüssen anlegt), dahinter steht aber keine Antizipation eines künftigen Bedarfs. Selbst Schimpansen scheinen zu solchen planerischen Leistungen nicht fähig zu sein. Trotzdem scheint uns auch das Verhalten von Tieren zielbezogen und damit teleologisch erklärbar zu sein. Der angemessene Begriff für die teleologische Erklärung solchen Verhaltens ist jedoch derjenige der *Teleonomie* bzw. der *Funktion*. Das Nüsse sammeln des Eichhörnchens ist keine intentionale Leistung, sondern *funktional* für sein Überleben.[30]

---

[30] Der Begriff der Teleonomie wird verwendet, um dem Missverständnis vorzubeugen, die Zielorientierung des Verhaltens sei intentionaler Art, d.h. vom Lebewesen bewusst angestrebt.

Funktionen erbringen ihre Leistungen innerhalb von Ganzheiten (Systemen) (Holenstein, 1983). Ohne diesen ganzheitlichen Bezug macht eine Funktionsanalyse keinen Sinn. Damit wird zugleich ein Problem funktionaler Erklärungen sichtbar. Denn aufgrund ihres Bezugs auf Ganzheiten haben funktionale Erklärungen *normativen* Charakter. Zu sagen, etwas sei für etwas funktional, impliziert, dass die Funktion *notwendig* ist, um das Ganze in seiner Existenz zu erhalten. So scheint die Lunge notwendig zu sein, damit sich ein Organismus am Leben erhalten kann. Wie aber können wir feststellen, dass es tatsächlich die Lunge ist, welche die entsprechende Leistung notwendigerweise erbringt? Das können wir nur, wenn wir vergleichen, d. h. bei anderen Lebewesen nachsehen, ob es nicht *funktionale Äquivalente* gibt. Die gibt es in der Tat. Statt einer Lunge findet man bei anderen Tieren Kiemen oder Tracheen. Was zunächst wie ein Nachteil funktionaler Erklärungen aussieht, entpuppt sich als eigentlicher Vorteil. Denn funktionale Erklärungen helfen uns, Möglichkeiten zu entdecken und Alternativen aufzuzeigen, die ohne sie unerkannt geblieben wären.

Funktionale Erklärungen sind auch in der Psychologie häufig. So lässt sich für das aggressive Verhalten eines Individuums dadurch eine Erklärung finden, dass wir nach seiner Funktion im Ganzen (Selbst) des Individuums suchen. Gemäß Baumeister, Smart und Boden (1996) führt die Diskrepanz zwischen der hohen Meinung, die jemand von sich hat, und deren geringen Bestätigung durch andere mit großer Wahrscheinlichkeit zu aggressiven Reaktionen. Die Aggression ist *funktional* für die Vermeidung eines drohenden Selbstwertverlusts und kann genau deshalb besonders heftig ausfallen.

7.6 Kausalität

Das Hempel-Oppenheim-Schema ist ein rein *logisches* Schema. Es erklärt durch Ableitung des Explanandums aus dem Explanans (vgl. Kapitel 7.2). Damit passt es bestens in den Rahmen der Analytischen Wissenschaftstheorie, die in der Logik den Maßstab wissenschaftlicher Rationalität sieht (vgl. Kapitel 2.1.2). Es widerspricht aber der Erwartung, wonach eine Erklärung die *Ursachen* eines Phänomens aufdecken sollte. Gerade in der Psychologie wollen wir uns mit bloßen Zusammenhangsbehauptungen (Korrelationen) nicht begnügen. Angesichts der schier unendlichen Fülle an Beziehungen zwischen psychologisch relevanten Variablen möchten wir zwischen zufälligen und substanziellen Beziehungen unterscheiden können.

Kausalität

7.6.1 Der lange Schatten von David Hume

Als logisches Schema verweigert sich das Hempel-Oppenheim-Schema jeglicher ontologischen Festlegung, lässt also offen, ob der Erklärung eines Sachverhalts ein realer Vorgang zugrunde liegt oder nicht. Die ontologische Abstinenz wurde von den Logischen Empiristen als Fortschritt empfunden, da sie damit ihrer erklärten Feindschaft gegenüber der Metaphysik nachleben konnten. In der Tat liegt hier das Hauptproblem des Kausalitätsbegriffs. Wer von einer kausalen Beziehung spricht, hat primär nichts Logisches im Sinn, sondern meint etwas Reales, das sich aber scheinbar nicht nachweisen lässt.

Jedenfalls ist dies die Botschaft, die uns von Hume überliefert wird. Gemäß Hume (1973) sind wir in keinem Fall imstande, „irgend eine Kraft oder notwendige Verknüpfung zu entdecken, irgendwelche Eigenschaft, die die Wirkung an die Ursache bände und die eine zur unfehlbaren Folge der anderen machte" (S. 77). Feststellen können wir nur, dass das eine (die Wirkung) auf das andere (die Ursache) regelmäßig folgt. Nur diese *Regularität* vermögen wir zu erkennen, sonst nichts.

Der blanke Verzicht auf Kausalaussagen, wie ihn Hume fordert, ist jedoch schwer zu akzeptieren. Denn durch die Reduktion auf logische Verhältnisse wird der Kausalität jede intuitive Plausibilität entzogen. Auch psychologisch gehen wir nicht davon aus, dass Ereignisse einfach aufeinander folgen, sondern wir nehmen an, dass sie sich ursächlich bedingen. Piaget (1974) wirft Hume ein verfehltes Verständnis des Menschen vor. Nach Hume registriert der Mensch passiv, was er wahrnimmt, ohne aktiv auf die Dinge seiner Wahrnehmungswelt einzuwirken. Als *Zuschauer* im Theater der Wirklichkeit vermag er tatsächlich nichts anderes als Regularitäten zu beobachten. Sobald der Mensch jedoch als aktives Wesen begriffen wird, was für Piaget generell charakteristisch ist (Herzog, 1991, S. 182 ff.), kann zwischen Regularität und Kausalität unterschieden werden. Das ist auch die Meinung von Georg Henrik von Wright (1916–2003), der bei der Aufdeckung von kausalen Beziehungen eine aktive und eine passive Komponenten unterscheidet: „Die aktive Komponente besteht darin, dass man Systeme durch Hervorbringen ihrer Anfangs-Zustände in Bewegung setzt. Die passive Komponente besteht darin, dass man beobachtet, was innerhalb der Systeme vor sich geht – wobei man diese so wenig wie möglich stört" (Wright, 1974, S. 82). Die Erkenntnis von Kausalzusammenhängen ist keine Sache des *Sehens*, sondern der Kombination von Sehen und *Tun*.

Durch diese Kombination ist auch das *Experiment* als Methode moderner Wissenschaft ausgezeichnet (vgl. Kapitel 5.3). Experimente beruhen auf

Eingriffen in die Wirklichkeit, um zu beobachten, was sich durch den Eingriff verändert. Dem Schatten von Hume lässt sich entfliehen, wenn wir das postempiristische Verständnis von Wissenschaft, das wir gewonnen haben (vgl. Kapitel 5), konsequent umsetzen und auch beim Thema Kausalität von einer aktiven und prozesshaften Auffassung wissenschaftlicher Erkenntnis ausgehen.

7.6.2 Interventionistisches Kausalverständnis

Piaget und von Wright stehen auf der Seite einer interventionistischen (eingreifenden) Kausaltheorie, die annimmt, dass sich der Kausalitätsbegriff rekonstruieren lässt, wenn wir von der Erfahrung ausgehen, die Menschen bei ihren Einwirkungen auf die Umwelt machen (Keil, 2000, S. 383 ff.; Menzies & Price, 1993). Dabei ist nicht gemeint, dass das Handeln der Menschen ursächlich ist, auch nicht, dass wir unser Handeln verursachen. Vielmehr geht es darum, dass wir Eingriffe tätigen, die insofern ursächlich sind, als sie etwas bewirken. Wenn es gelingt, ein Ereignis A herbeizuführen, dann ist A die Ursache von B, *sofern* sich auch B aufgrund unserer Intervention ereignet.

Es wird nicht unterstellt, dass die entsprechende Handlung effektiv ausgeführt wird. Denn zweifellos ist der Raum der Ursachen und Wirkungen weit größer als der Bereich, in dem wir handelnd intervenieren können. Kausalprozesse wie etwa ein Erdbeben lassen sich nicht *real* im Sinne eines menschlichen Eingriffs in die tektonische Struktur der Erde verstehen. Eine Relation zwischen Ereignissen als kausal ansehen, heißt daher lediglich, „sie unter dem Aspekt einer (möglichen) Handlung ansehen" (Wright, 1974, S. 75). Der Begriff der Kausalität gewinnt damit einen kontrafaktischen (hypothetischen) Anstrich: A ist die Ursache für B, sofern sich B verändern *würde*, falls A auf angemessene Weise manipuliert werden *könnte*. Die Wahrheit einer solchen kontrafaktischen Aussage lässt sich bestimmen, indem wir uns auf ähnliche Fälle beziehen, bei denen ein manipulativer Eingriff möglich ist (Menzies & Price, 1993, S. 196 ff.). Das könnte im Falle eines Erdbebens dessen Simulation in einem seismologischen Labor sein.

7.6.3 Mechanismen der Kausalität?

Der interventionistische Kausalitätsbegriff ist für die Psychologie attraktiv, weil sie sich seit Wundt als Experimentalwissenschaft versteht. Experimenten liegt insofern ein Denken in kontrafaktischen Konditionalen zugrunde, als sie auf *Hypothesen* beruhen, die in der experimentellen Situation *realisiert* werden (Shadish, Cook & Campbell, 2002, S. 3 ff.).

Allerdings verweisen gerade psychologische Experimente auf eine Grenze des interventionistischen Kausalitätsverständnisses. Denn auch ein Experiment vermag nicht zu sagen, *wie* eine Ursache ihre Wirkung hervorbringt. Ist es eine Kraft, die zwischen Ursache und Wirkung vermittelt? Findet eine Übertragung von Energie statt? Müssen wir einen Mechanismus annehmen? Shadish, Cook und Campbell (2002) unterscheiden daher streng zwischen kausaler *Beschreibung* und kausaler *Erklärung*: „The unique strength of experimentation is in describing the consequences attributable to deliberately varying a treatment. We call this *causal description*. In contrast, experiments do less well in clarifying the mechanisms through which and the conditions under which that causal relationship holds – what we call *causal explanation*" (S. 9).

Offenbar haben wir den Kausalitätsbegriff noch nicht erschöpfend analysiert. Und den Seufzer von Quine (1995), dass wir keinen Kausalitätsbegriff besitzen, „der so klar wäre, wie wir ihn gerne hätten" (S. 106), vermögen wir nur zu gut nachzuvollziehen. Wo aber liegt die Lücke in unserer Vorstellung von einer kausalen Erklärung? Wie uns Shadish, Cook und Campbell (2002) nahelegen, muss eine Kausalerklärung den Mechanismus benennen, der zwischen Ursache und Wirkung vermittelt. Das ist auch die Meinung von Mario Bunge (*1919): „An explanation proper is always done in terms of some mechanism [...]" (Moessinger, 1987, S. 393). Während wir zu Beginn des Kapitels dachten, eine Erklärung sei die Beantwortung einer Warum-Frage, scheint uns der Kausalitätsbegriff eines Besseren zu belehren. Vollständig erklärt ist etwas erst, wenn wir sagen können, *wie es funktioniert*. Hinter der Warum-Frage versteckt sich die Wie-Frage.

Was aber könnte in der Psychologie ein Wie sein? Gibt es im Bereich des Psychischen überhaupt Mechanismen?[31] Diese Fragen lassen sich nicht beantworten, ohne dass wir uns mit der weiter gehenden Frage befassen, was unter *psychischer Wirklichkeit* zu verstehen ist.

---

[31] Das Zitat von Bunge geht wie folgt weiter: „[...] and there is no purely psychological mechanism" (Moessinger, 1987, S. 393)!

📖 Weiterführende Literatur

Beckermann, A. (Hrsg.) (1985). *Analytische Handlungstheorie, Bd. 2: Handlungserklärungen*. Frankfurt a. M.: Suhrkamp.

Hampe, M. (2007). *Eine kleine Geschichte des Naturgesetzbegriffs*. Frankfurt a. M.: Suhrkamp.

Holzkamp, K. (1993). *Lernen. Subjektwissenschaftliche Grundlegung*. Frankfurt a. M.: Campus.

Mischel, T. (1981). *Psychologische Erklärungen. Gesammelte Aufsätze*. Frankfurt a. M.: Suhrkamp.

8 Die Wirklichkeit des Psychischen

Die Frage, mit der wir das vorangehende Kapitel abgeschlossen haben, soll Thema dieses Kapitels sein. Wenn wir von einer Erklärung erwarten, dass sie den *Mechanismus* benennt, der zwischen Ursache und Wirkung vermittelt, dann haben wir uns vom Hempel-Oppenheim-Schema verabschiedet. Denn ein Mechanismus ist mehr als eine logische Beziehung, und er ist mehr als eine Konditionalaussage. Wer nach einem Mechanismus fragt, fragt nach etwas Realem; er sucht etwas, von dem er annimmt, dass es existiert. Damit scheinen wir die Wissenschaftstheorie in Richtung Ontologie zu verlassen. Doch seit dem Niedergang von Logischem Empirismus und Kritischem Rationalismus sind ontologische Fragen selbst in der Analytischen Wissenschaftstheorie nicht mehr tabu.

Für die Psychologie kann es nicht egal sein, welcher Realitätsstatus ihrem Gegenstand zukommt. Ist das Psychische geistiger oder materieller Art? Wenn es geistiger Art ist, gibt es dann eine psychische Kausalität? Würde dies aber nicht der These von der kausalen Geschlossenheit des Universums widersprechen? Gibt es Psychisches daher nur als illusorisches Epiphänomen? Solche und ähnliche Fragen stellen sich, wenn wir nach der Wirklichkeit des Psychischen fragen.

Es interessiert uns zunächst, wie die Realität des Psychischen in verschiedenen Richtungen der Psychologie beurteilt wird (8.1). Die Tatsache, dass heutige Wissenschaftler überwiegend einer materialistischen Ontologie verpflichtet sind, führt uns zu einer summarischen Auseinandersetzung mit dem Körper-Geist-Problem (8.2). In der Folge befassen wir uns nochmals mit dem Status theoretischer Begriffe in der Psychologie (8.3). Abschließend ziehen wir eine vorsichtige Bilanz zu den Aussichten kausaler Erklärungen in der Psychologie (8.4).

8.1 Das Psychische als anschauliche Wirklichkeit

Erinnern wir uns an Gerrig und Zimbardo (2008), die wir mit der Äußerung zitiert haben (vgl. Kapitel 1.3.3), Psychologie sei „die wissenschaftliche Untersuchung des Verhaltens von Individuen und ihren mentalen Prozessen" (S. 2). Während das Verhalten als Teil der physischen Wirklichkeit betrachtet werden kann, gilt dies für mentale Prozesse nicht. Es kommt ihnen ein anderer Realitätsstatus zu. Aber welcher? Und wie muss man sich das Verhältnis von physischer und psychischer Wirklichkeit vorstellen? Um die Frage zu beantworten, greifen wir das Thema Kausalität wieder auf und erkundigen uns bei drei Ansätzen einer wissenschaftlichen Psychologie, ob es eine eigene Form psychischer Kausalität gibt.

8.1.1 Psychische Kausalität

Wundt hat seine Psychologie auf ein Verständnis psychischer Wirklichkeit gebaut, das diese als momentane Präsenz begreift (vgl. Kapitel 1.3.1). Psychisch real ist, was sich aktual im Bewusstsein befindet: *„So viel Aktualität so viel Realität"* (Wundt, 1908, S. 293). Das hat ihn dazu geführt, eine der Psychologie eigene Form von Kausalität zu postulieren. Obwohl er es ablehnte, Begriffe einzuführen, die hypothetischen Charakter haben, wollte er, dem Vorbild der Physik folgend, dass auch die Psychologie Kausalerklärungen gibt. Die *psychische Kausalität* ist aber eine dem Bewusstsein immanente Kausalität und hat nichts mit der Reduktion psychischer Phänomene auf physiologische Zustände zu tun. „Hat die Psychologie die unmittelbare Erfahrung zu ihrem Gegenstande, so kann sie auch ihre eigentlichen Erklärungsprinzipien nur in dieser Erfahrung selbst finden. Sie hat daher […] Psychisches aus Psychischem, nicht Psychisches aus Physischem zu interpretieren" (Wundt, 1911, S. 143).

Zwar wurde von Wundt anerkannt, das es kein Fühlen, kein Denken und kein Wollen gibt, das nicht von physischen Prozessen *begleitet* wäre, aber an ein Kausalverhältnis zwischen körperlichen und seelischen Vorgängen wollte er nicht glauben. Die Zurückführung des Psychischen auf Gehirnprozesse hielt er sogar für eine „leere Forderung" (Wundt, 1919, S. 6), und zwar deshalb, weil Physisches und Psychisches *ungleichartige* Phänomene sind, Kausalprozesse aber nur zwischen *Gleichartigem* bestehen können. Von Dingen, die nichts miteinander gemein haben, kann keines die Ursache des anderen sein.

Insofern für beide Kausalitätsformen gilt, dass sie ein „in sich abgeschlossenes Gebiet" (Wundt, 1911, S. 24) bilden, stellt sich die Frage nach ihrem Verhältnis. Wundt (1919) postulierte einen psychophysischen *Parallelismus*, der „eine letzte nicht zu überschreitende Voraussetzung" (S. 562) sowohl der Psychologie wie der Physiologie darstellt. Danach gibt es zwei untereinander verbundene, *aber nicht ineinander greifende* Kausalreihen, wobei Wundt allerdings nicht ausschloss, dass die physische Kausalität Psychisches verursachen kann.

8.1.2 Das psychophysische Niveau

Ein anderer Blick auf die psychischen Wirklichkeit eröffnet das gestaltpsychologische Konzept des *psychophysischen Niveaus* (Bischof, 2008, S. 41 f.). Die Gestaltpsychologen haben die wundtsche Bestimmung des Psychischen als anschauliche Wirklichkeit im Grundsatz akzeptiert, statt eines Parallelismus zwischen Physischem und Psychischem aber ein Verhältnis der Isomorphie postuliert, d.h. eine strukturelle Übereinstimmung (Identität) des einen mit dem anderen. Das Postulat impliziert, dass zwischen einer physiologischen und einer psychologischen Erklärung keine *wesentliche* Differenz besteht. Gemäß Metzger (1975b) gibt es „*nirgends* eine Grenze, bei deren Überschreitung man den Bereich des Physiologischen *verlässt*, sondern höchstens eine solche, jenseits derer die dort herrschenden physiologischen Gesetze *zugleich psychologische sind*" (S. 301). Damit kann Metzger auf das Konzept der *psychischen Kausalität* verzichten, denn der behauptete Isomorphismus erlaubt es, zwischen dem unmittelbaren Erleben und der physischen Wirklichkeit einen „geschlossenen Kausalzusammenhang" (S. 299) zu behaupten.

Mehr als ein Postulat ist dies aber nicht. Bischof (2008) räumt ein, dass wir „bis zur Stunde keine klare Vorstellung davon (haben), wo im Gehirn das psychophysische Niveau liegt" (S. 53), ja, dass wir „nicht den blassesten Schimmer haben, was im psychophysischen Niveau wirklich abläuft" (S. 81). Aus dem Postulat des psychophysischen Niveaus folgt jedoch, dass das Psychische ontologisch keinen autonomen Realitätsstatus hat und das Konzept einer psychischen Kausalität ein Unding darstellt.

8.1.3 Psychisches als Epiphänomen

Sowohl die Bewusstseinspsychologie wie auch die Gestaltpsychologie sehen die Wirklichkeit des Psychischen als *anschauliche* Wirklichkeit. Erstaunlicherweise ist die Position des Behaviorismus nicht so verschieden, denn auch Skinner anerkennt die Existenz von Gedanken, Gefühlen und Empfindungen.

Er stellt lediglich deren kausale Bedeutung in Frage. „I have no hesitation in saying I feel my own body, I feel happy, I feel tired, I feel exhausted, I feel cheerful. But I don't behave in any way *because* of my feelings" (Skinner, 1985, S. 284 – Hervorhebung W. H.). Gefühle und Gedanken sind Nebenprodukte von Verhaltenskontingenzen. Wirklich im Sinne dessen, was *wirkt*, sind nur Reize und Reaktionen, denen nach Überzeugung der Behavioristen ein rein physikalischer Status zukommt (vgl. Kapitel 4.2 und 7.1).

Bewusstseinspsychologie, Gestaltpsychologie und Behaviorismus beurteilen die Realität des Psychischen nicht so verschieden, wie man vielleicht denken könnte. Wundt sieht im Psychischen eine Wirklichkeit eigener Art, die gewisse Parallelen zur physischen Wirklichkeit aufweist. Auch für Metzger und Bischof bildet das Psychische eine eigene Wirklichkeit, die aber mit dem Physischen identisch ist.[32] Selbst Skinner leugnet nicht, dass es Psychisches *gibt*, er bestreitet lediglich, dass es für die kausale Erklärung von Verhalten relevant ist. Psychisches scheint wirklich zu sein, wenn auch nicht in dem handfesten Sinn, wie Physisches wirklich ist. Seine Wirklichkeit ist anschaulicher Art.

Keiner der diskutierten Autoren vertritt zudem eine dualistische Position, die in der körperlichen (physischen) Wirklichkeit etwas von der geistigen (psychischen) Wirklichkeit *der Art nach* Verschiedenes sieht. Auch wenn es Psychisches gibt, so ist seine Existenz nicht an einen substanzhaften Geist gebunden. Darin folgt die Psychologie dem materialistischen Trend, durch den sich die heutige Wissenschaft allgemein auszeichnet.

8.2 Der Materialismus als Ontologie der Wissenschaft

Es gibt heute kaum noch Wissenschaftler, die sich *nicht* zum Materialismus bekennen würden. Ein Dualismus von Körper und Geist als ontologisch verschiedenen Substanzen wird nicht nur innerhalb, sondern auch außerhalb der Psychologie von niemandem mehr vertreten, sofern er sich als Wissenschaftler versteht (Ravenscroft, 2008, S. 36 ff.).

---

[32] Bischof (2008) schwankt zwischen einer identitätstheoretischen und einer parallelistischen Haltung, findet aber, dass es praktisch „keinen großen Unterschied (macht), ob man von einer Identitätsannahme ausgeht oder [...] eine parallelistische Position bevorzugt" (S. 41).

Materialismus, Physikalismus, Naturalismus

In der Ontologie (vgl. Kapitel 2.2.3) werden zwei Grundauffassungen hinsichtlich der Beschaffenheit der Wirklichkeit vertreten, eine monistische und eine dualistische. Der *Monismus* nimmt an, dass die Welt aus *einer* Grundsubstanz besteht. Klassische monistische Positionen sind der *Idealismus*, der davon ausgeht, dass nur geistige Phänomene (Ideen) wirklich sind, und der *Materialismus*, der annimmt, dass es nur materielle Dinge gibt. Dem *Dualismus* entspricht die Auffassung, dass beides – Geist *und* Materie – existiert, in welchem Verhältnis (Parallelismus, Interaktionismus) auch immer.

Die heutige Wissenschaft bekennt sich praktisch ausnahmslos zu einer materialistischen Ontologie. Dabei ist es zumeist die Physik, die als legitimierte Instanz gilt, um über die Beschaffenheit der materiellen Wirklichkeit Auskunft zu geben. Deshalb wird der Begriff des *Physikalismus* oft demjenigen des Materialismus vorgezogen.

Der *Naturalismus* lässt sich am einfachsten negativ charakterisieren als Position, die alles Übernatürliche (Religion, Mystik, Spiritualität etc.) zurückweist. Eine engere Definition geht dahin, dass der Naturalismus mentale Phänomene (wie insbes. Intentionen) physikalisch bzw. physiologisch erklärt. Die Grenzen zum Materialismus bzw. Physikalismus sind dementsprechend fließend.

Der Materialismus moderner Wissenschaft impliziert, dass Psychisches ohne Physisches nicht denkbar ist. Womit sich die Frage stellt, wie wir uns deren Verhältnis vorstellen müssen. Dazu wollen wir uns in äußerster Kürze mit dem Körper-Geist-Problem auseinandersetzen. Eine erschöpfende Diskussion ist nicht möglich, jedoch sollen die für die Psychologie wichtigsten Positionen vorgestellt werden. Unbeachtet bleiben idealistische und dualistische Ansätze, da sie wissenschaftlich keine Bedeutung mehr haben.

8.2.1 Das Körper-Geist-Problem

Anders als zu Zeiten von Descartes wird das Problem des Verhältnisses von Körper und Geist nicht mehr als Problem zweier Substanzen, sondern zweier *Wirklichkeiten* verstanden. Die beiden Wirklichkeiten werden zumeist so bestimmt, dass das Physische mit dem *Physikalischen* gleichgesetzt und das Psychische als *Bewusstsein* gefasst wird. Demnach finden sich auf der materiellen Seite des Körper-Geist-Problems Eigenschaften, die sich physiologisch, chemisch oder quantentheoretisch feststellen lassen (Ravenscroft, 2008, S. 212 ff.). Der geistigen Seite werden im Allgemeinen zwei Eigenschaften zugeschrieben, nämlich Intentionalität und Erlebnisqualität. Intentionalität meint, dass geistige Zustände auf etwas gerichtet sind, sei es real oder imaginär. Mit Erlebnisqualität ist die Art und Weise gemeint, wie uns etwas phänomenal gegeben ist, beispielsweise wie es sich anfühlt, gekitzelt zu werden, oder wie es ist, den Klang einer Posaune zu hören. Man nennt diese Erlebensdimension des Bewusstseins auch phänomenales oder Qualia-Bewusstsein.

Das Körper-Geist-Problem besteht nun in der Frage, wie psychische Zustände intentionaler oder phänomenaler Art einem physischen Substrat (insbes. dem Gehirn) zugeordnet werden können. Wie ist es möglich, dass wir Gehirnzustände, die wir einfach *haben*, in bestimmter Weise *erleben*? Im Rahmen einer materialistischen Ontologie lassen sich im Wesentlichen vier Positionen zum Körper-Geist-Problem ausmachen: Zweisprachentheorie, Identitätstheorie, Epiphänomenalismus und Funktionalismus.[33]

Zweisprachentheorie. Die Zweisprachentheorie ergibt sich fast zwangsläufig aus der Exposition des Körper-Geist-Problems. Denn die unterschiedlichen Eigenschaften, die dem Physischen und dem Psychischen zugeschrieben werden, lassen sich als zwei *Vokabulare* deuten, die wir nutzen, um über *ein und dieselbe* Wirklichkeit zu sprechen. Mit ein und derselben Wirklichkeit ist das (menschliche) Gehirn gemeint, dessen Eigenschaften sich gleichsam in zwei Sprachen beschreiben lassen (Ravenscroft, 2008, S. 39 f.). Zwar könnte die Zweisprachentheorie gegenüber der Wirklichkeit, die sie voraussetzt, neutral sein, doch wird sie vorwiegend als Argument für den Materialismus verwendet und liegt damit nahe bei der Identitätstheorie.

Identitätstheorie. Die Identitätstheorie behauptet, Psychisches sei mit Physischem identisch, mentale Zustände seien also *nichts anderes* als neuronale Zustände (Beckermann, 2008, S. 98 ff.; Ravenscroft, 2008, S. 75 ff.). Wie Wasser dasselbe ist wie H_2O, sei Geistiges dasselbe wie Physisches. Wie aber lässt sich dies nachweisen? Zusammen mit der Zweisprachentheorie steht die Identitätstheorie vor dem Problem, dass sich nicht ohne weiteres feststellen lässt, dass zwei Sprachen mit unterschiedlichem Vokabular tatsächlich auf dieselbe Wirklichkeit referieren. Wenn es um Wasser geht, haben wir eine objektive

---

[33] Weitere Positionen werden bei Beckermann (2008) und Ravenscroft (2008) diskutiert.

Referenz und können feststellen, dass Wasser tatsächlich die gleiche begriffliche Extension hat wie H_2O. Wo aber ist die Vergleichsbasis, wenn uns zwei Sprachspiele vorliegen, von denen nur das eine auf einen sinnlich identifizierbaren Gegenstand (Gehirn) referiert, das andere aber nicht? Empirisch mag zwar das eine mit dem anderen korrelieren, *Identität* haben wir damit aber noch nicht festgestellt (Hartmann, 1998, S. 290 ff.).

Epiphänomenalismus. Charakteristisch für den Epiphänomenalismus, dem wir bereits bei Skinner begegnet sind (vgl. Kapitel 8.1.3), ist, dass er dem Psychischen jede kausale Bedeutung abspricht. Die Position ist wohl erstmals von Thomas Huxley (1825–1895) in einer Arbeit mit dem bezeichnenden Titel *On the Hypothesis that Animals are Automata* vertreten worden (Huxley, 1912). Darin vergleicht er das menschliche Bewusstsein mit der Dampfpfeife, die das Funktionieren einer Lokomotive *begleitet*, aber für deren Funktionieren ohne jede Bedeutung ist. Das Bewusstsein ist gleich zu verstehen. Es stellt lediglich eine Begleiterscheinung der Arbeitsweise des Körpers dar, ohne Einfluss auf die körperlichen Mechanismen zu haben.

Gegen den Epiphänomenalismus lässt sich das simple Argument anführen, dass Gedanken und Gefühle keineswegs nebensächliche Dinge sind, sondern relevante Motive für unser Handeln darstellen. Zum Zahnarzt gehen wir nicht, weil wir feststellen, dass ein Zahn entzündet ist, sondern weil wir *Schmerzen* haben. Zu behaupten, das Schmerzgefühl sei optional für den Besuch des Zahnarztes, kommt der Behauptung gleich, unser Leben würde genau gleich ablaufen, egal ob wir Empfindungen haben oder nicht.

Funktionalismus. Anders als die bisher diskutierten Positionen anerkennt der Funktionalismus, dass psychische Zustände eine *kausale Rolle* spielen (Ravenscroft, 2008, S. 245 ff.). Wie wir gesehen haben, sind mit Funktionen Leistungen gemeint, die von etwas für etwas anderes erbracht werden (vgl. Kapitel 7.5.2). Die Leistung des Bewusstseins liegt darin, dass der Organismus auf ein Problem aufmerksam wird. So haben Schmerzen die Funktion, eine körperliche Schädigung oder Dysfunktion anzuzeigen, worauf der Organismus sich entsprechend verhalten kann. Kausalität ist zwar immer *physische Kausalität*, doch kann sie sich in nicht-physikalischer Gestalt zeigen.

Wenn ein Schauspieler wie Bruno Ganz *Macbeth* spielt, dann bleibt er Bruno Ganz, auch wenn er auf der Bühne steht. Im gleichen Sinne bleiben die materiellen Eigenschaften erhalten, auch wenn die Materie im Theater des Lebens gleichsam eine psychologische Rolle spielt. Die Existenz von *Macbeth* ist *vollständig* an die Existenz von Bruno Ganz gebunden, d. h. jede Art von

Verhalten von *Macbeth* ist kausal durch Bruno Ganz bedingt. Genauso ist die Existenz des Psychischen lückenlos von der Existenz des Physischen abhängig. Funktionalisten anerkennen die Realität psychischer Zustände, auch wenn sie deren Wirksamkeit gänzlich der physischen Realität überantworten. Damit stehen auch sie vor dem schwer lösbaren Problem, wie sich zwischen psychischen und physischen Ereignisses Übereinstimmung feststellen lässt.

Supervenienz

Das Gleichnis mit dem Schauspieler Bruno Ganz erlaubt es, den Begriff der Supervenienz zu klären, der in der neueren Philosophie des Geistes eine wichtige Rolle spielt. Supervenienz meint die asymmetrische Abhängigkeit von biologischen oder psychologischen Eigenschaften von physikalischen Eigenschaften, die ihnen zu Grunde liegen. Im Falle des Verhältnisses von Physischem und Psychischem heißt dies, dass durch die Veränderung von physischen Eigenschaften psychische Eigenschaften mit verändert werden, nicht aber umgekehrt. Etwas salopp formuliert ist das Psychische zwar etwas Eigenes, führt aber kein Eigenleben. Insofern ist die Supervenienz ein Argument gegen die Reduktion von psychischen auf physische Phänomene. Da sie etwas Eigenes sind, lassen sich supervenierende psychische Eigenschaften nicht auf physische reduzieren, auch wenn sie völlig von diesen abhängig sind. Man kann Macbeth nicht auf Bruno Ganz reduzieren, denn dann gäbe es Macbeth nicht mehr!

8.2.2 Ontologische Verpflichtung

Es gilt heute als unbestritten, dass eine Abhängigkeit mentaler Zustände von der Funktionstüchtigkeit des neuronalen Systems besteht. Allerdings sollten wir uns keine Illusionen machen. Keine der diskutierten Positionen zum Verhältnis von Körper und Geist ist in der Lage, intentionales oder phänomenales Bewusstsein zu *erklären*. Was uns angeboten wird, sind Plausibilitäten. In Bezug auf das phänomenale Bewusstsein möchte Ravenscroft (2008) sogar behaupten, „dass wir *nicht die geringste Ahnung* davon haben" (S. 297), wie es das Gehirn anstellt, Bewusstsein zu erzeugen. Trotzdem ist er der Meinung, das phänomenale Bewusstsein liefere „keine Gründe dafür, den Physikalismus preiszugeben" (S. 335). Auch für Bischof (2008) ist das Leib-Seele-Problem „noch weit von einer Lösung entfernt" (S. 83). Aber auch er will von der Annahme eines psychophysischen Niveaus nicht abrücken, denn die Erlebniswelt und bestimmte Hirnprozesse seien „eigentlich identisch" (S. 51).

Offensichtlich geht die Psychologie im Rahmen ihrer apriorischen Festsetzungen eine ontologische Verpflichtung ein, die sie nicht ohne Weiteres einzulösen vermag. Denn die Psychologie ist noch längst nicht so weit, dass sie den Nachweis erbringen könnte, dass das Psychische *en détail* physisch realisiert ist. Wenn es diesen Nachweis aber nicht gibt und die Psychologie von Entitäten handelt, die weder neurophysiologisch verankert noch im Bewusstsein präsent sind, worauf referieren dann diese Entitäten? Es scheint, dass sie einen ausschließlich *theoretischen* Status haben. Theoretische Begriffe können – wie wir gesehen haben (vgl. Kapitel 2.3) – *realistisch* oder *instrumentalistisch* interpretiert werden. Welche Interpretation legt sich im Falle der theoretischen Begriffe der Psychologie nahe?

8.3 Die fiktionale Realität des Psychischen

Die Frage ist alles andere als trivial. Denn als dritte Alternative neben Realismus und Instrumentalismus steht die *positivistische* Auffassung im Raum, wonach eine Wissenschaft auf theoretische Begriffe überhaupt zu verzichten hat (vgl. Kapitel 2.3). Das ist in der Psychologie keineswegs eine selten anzutreffende Ansicht, wie ein nochmaliger Blick in die Geschichte der Disziplin zeigen kann.

8.3.1 Hypothetische Konstrukte

Wo es anschaulich zu und her geht, bedarf es keiner theoretischen Begriffe. Wenn uns die „seelischen Erlebnisse in uns [...] als das gegeben (sind), was sie sind" (Wundt, 1919, S. 564), dann können wir zwar nicht unbedingt auf Theorie, wohl aber auf theoretische Begriffe verzichten. Gleicher Meinung ist Metzger (1975a), der in seinen *Gesetzen des Sehens* schreibt, das ganze Buch handle „vom schlichten Sehen [...], vom Sehen der Dinge und Vorgänge, wie wir sie vorfinden, wenn wir einfach die Augen aufmachen" (S. 647). Untersucht die Psychologie „die Eigenart des [...] unmittelbar Gegebenen" (S. 660), bedarf sie keiner Spekulationen über irgend etwas, das jenseits der anschaulichen Wirklichkeit des Psychischen existieren könnte.

Wiederum gilt, dass Skinner fast gleich argumentiert hat. In einer Darstellung seiner Forschungsmethode schildert er die Apparaturen, die er entwarf, um die Konditionierung operanten Verhaltens experimentell besser kontrollieren und technisch einfacher aufzeichnen zu können. Er vergleicht seine Methode mit einem Mikroskop und schreibt: „The resolving power of the microscope has been greatly increased, and we can *see* fundamental processes of behavior in sharper and sharper detail. In choosing rate of responding as a basic datum and in recording this conveniently in a cumulative curve, we make important temporal aspects of behavior *visible*. Once this has happened, our scientific practice is reduced to *simple looking*" (Skinner, 1972, S. 116f. – erste und dritte Hervorhebung W. H.). Wo Wundt und Metzger das Psychische in direkter Anschauung gegeben scheint, hält es Skinner bei entsprechendem Vorgehen für direkt beobachtbar. Erkennen ist Sehen von Ordnung, auch wenn die Ordnung erst sichtbar gemacht werden muss. Folglich ist auch Skinner der Überzeugung, auf theoretische Begriffe verzichten zu können.

Dieser positivistischen Auffassung von Psychologie ist schon früh widersprochen worden. In einem 1896 erschienenen Text findet Hermann Ebbinghaus (1850–1909) nichts Bedenkliches daran, wenn Psychologen in ihrem Forschungsgebiet genauso begriffliche Konstruktionen verwenden wie es Naturwissenschaftler tun. Vieles, was psychologisch relevant sei, werde nicht erlebt, sondern müsse erraten, erschlossen oder hinzu konstruiert werden (Ebbinghaus, 1984, S. 75). Was zum Beispiel das Postulat eines unbewussten Psychischen anbelangt, hatte Ebbinghaus damit kein Problem, während es von Wundt (1911) „in das Gebiet willkürlicher Fiktionen" (S. 144) verwiesen wurde. Wo es nicht bloß um das einfache Registrieren und Beschreiben eines unmittelbar Gegebenen geht, da sind nach Ebbinghaus (1984) „konstruierende Hypothesen [...] schlechterdings nicht zu vermeiden" (S. 83).

Auch andere waren der Meinung, dass die Psychologie nicht auf unmittelbare Erfahrung gebaut werden kann. In einem 1933 erstmals publizierten Buch schreibt Boring (1963), alle von der Psychologie untersuchten Phänomene würden sich als begriffliche Einheiten erweisen, „that are not to be found in experience, but are inferred from it" (S. 6f.). Zwar muss jede empirische Wissenschaft von dem ausgehen, was uns in der Erfahrung gegeben ist. Aber wissenschaftliche Erkenntnisse finden sich erst, wenn wir die Erfahrung begrifflich aufbereiten. Boring bindet den Realitätsbegriff der Physik *und* der Psychologie an *hypothetische Konstrukte*, ein Begriff, der sich Jahre später in einem Aufsatz von MacCorquodale und Meehl (1948) wieder findet. Die beiden Autoren schlagen vor, zwei Sorten von Begriffen zu unterscheiden, nämlich intervenierende Variablen und hypothetische Konstrukte. Intervenierende Variablen sind Größen, die zwischen unabhängigen und abhängigen Variablen vermitteln. Tolman (1935) sah in den intervenierenden Variablen Verhaltensbereitschaften (Dispositionen), denen er eine physiologische Grundlage zuwies. Während intervenierende Variablen in direkter Beziehung zu Beobachtungsbegriffen stehen, ja vollständig auf diese reduzierbar sind, handelt es sich bei hypothetischen Konstrukten um theoretische Begriffe, die ausschließlich durch ihre Beziehung zu anderen theoretischen Begriffen definiert sind (MacCorquodale & Meehl, 1948, S. 103 f.).

Die neue Begrifflichkeit wurde nur zögerlich aufgenommen, wie das Beispiel von Marx (1951) zeigt, der sich gegen die Einführung von theoretischen Begriffen in die Psychologie aussprach. Operational definierte intervenierende Variablen sind nach seiner Ansicht „the only kinds of constructs ultimately admissible in sound scientific theory" (S. 246). Der Widerstand gegenüber theoretischen Begriffen legte sich jedoch allmählich, und nach der kognitiven Wende der Psychologie Ende der 1950er-Jahre waren die Zeiten des psychologischen Positivismus vorbei. Inzwischen besteht weitgehend Konsens, dass es (auch) in der Psychologie ohne theoretische Begriffe nicht geht. Allerdings hat man sich damit ein Problem eingehandelt, das mit der nicht offensichtlichen Referenz theoretischer Begriffe zu tun hat.

8.3.2 Nützliche Fiktionen?

Ein Psychologe, der sich schon früh genötigt sah, theoretische Begriffe einzuführen, ist Freud. Nachdem sein *Versuch einer Psychologie* gescheitert war, begann er mit der Konstruktion eines psychischen Apparats (vgl. Kapitel 6.2), dessen Instanzen – Es, Ich und Über-Ich – weder eine erlebnismäßige Repräsentanz, noch eine neurophysiologische Verankerung aufweisen.

Freud geriet damit in eine ähnliche Schwierigkeit wie andere Psychologen, die theoretische Begriffe in die Disziplin einführen, was der Begriff der *Verdrängung* anschaulich zeigen kann. Die Verdrängung bildet ein zentrales Konstrukt der Psychoanalyse.[34] Sie wird als *Mechanismus* bezeichnet und fügt sich damit bestens in Freuds apparative Auffassung des Psychischen ein. Die Verdrängung gilt als Kraft, die vom Ich ausgeht, das aktiv wird, wenn es von Angst überwältigt wird. Wenn Freud (1982) allerdings davon spricht, die Verdrängung könne „in *ungeeigneter* Weise" (S. 294) vorgenommen werden und *misslingen*, dann fragt sich, ob er nicht das Sprachspiel wechselt. Kann sich

---

[34] „Man kann von der Verdrängung wie von einem Zentrum ausgehen und alle Stücke der psychoanalytischen Lehre mit ihr in Verbindung bringen" (Freud, 1984, S. 60).

denn ein mechanischer Apparat unangemessen verhalten und Fehlleistungen vollbringen?

Freuds Texte durchzieht eine *gemischte Rede*, wie wir sie auch bei Hoffman angetroffen haben (vgl. Kapitel 6.1.2). Von der Sprache der Mechanismen, Kräfte und Energien wechselt er ungeniert zur Sprache der Wünsche, Motive und Handlungen. Wie der Hinweis auf Hoffman zeigt, steht Freud mit diesem Problem aber nicht allein da. Seit ihrer kognitiven Wende operiert die Psychologie mit einer Begrifflichkeit, die mit derjenigen der Psychoanalyse ohne weiteres vergleichbar ist. Auch die Sprache der kognitiven Psychologie liegt weder auf der Ebene der Hirnphysiologie noch auf derjenigen des Erlebens, sondern auf einer *Zwischenebene*, zu deren Veranschaulichung der Vergleich mit der Programmebene eines Computers dient. Damit stellt sich die Frage nach dem Realitätsstatus dieser Zwischenebene, auf der sich Begriffe tummeln, deren metaphorische Abkunft sich schwer übersehen lässt.

Treuherzig versichert uns Neisser (1974), der Hauptgrund, weshalb es sich lohne, kognitive Prozesse zu studieren, sei derselbe „wie der Grund für das Studium aller Dinge: weil es sie gibt" (S. 21). Aber *gibt* es die kognitiven Prozesse wirklich? Und woher *wissen* wir, dass es sie gibt? Prozesse wie Aufnahme, Verarbeitung, Speicherung und Abruf von Information werden weder erlebt, noch können sie durch Introspektion beobachtet werden; sie sind uns auch nicht bewusst, sind aber auch nicht unbewusst (zumindest nicht im psychoanalytischen Sinn des Wortes); um Verhaltensweisen handelt es sich auch nicht, und neurophysiologisch sind sie ebenfalls nicht lokalisierbar. Wo also befinden sie sich?

Etwas salopp könnte man von einem psychologischen Bermudadreieck sprechen, dessen Eckpunkte die Bezeichnung Erleben, Verhalten und Gehirn tragen.[35] Im Innern des Dreiecks sucht die Psychologie seit sie sich als Wissenschaft etabliert hat nach ihrem Gegenstand. Fassbar ist er nur schwer. Zwar kommt der Psychologie seit neuestem der Funktionalismus zu Hilfe, der die intermediäre Begrifflichkeit der Psychologie dadurch legitimiert, dass er sie eine *kausale Rolle* spielen lässt (vgl. Kapitel 8.2.1). Mehr als eine Annahme ist dies aber nicht, so dass Herrmann (1983) mit gutem Recht behaupten kann, die Begriffe der Kognitionspsychologie seien *nützliche Fiktionen. Fiktionen*, weil es sich um theoretische Konstrukte handelt, *nützlich*, weil sie sich als brauchbar erweisen, um die Disziplin voranzubringen. Herrmann beschränkt sein Urteil ausdrücklich nicht auf die kognitive Psychologie. Seiner Ansicht nach haftet

---

[35] Erinnern wir uns an Traxel (1964), der den psychologischen Gegenstand auf Erleben und Verhalten in Abhängigkeit vom Körper festgelegt hat (vgl. Kapitel 1.3.3).

„allen psychologischen Theorien [...] der Charakter der Fiktionalität an" (S. 96). Damit bezieht Herrmann eine *instrumentalistische* Position und lehnt es ab, die psychologischen Begriffe *realistisch* zu deuten (vgl. Kapitel 2.3). Ob im psychologischen Bermudadreieck daher überhaupt etwas zu finden ist?

8.4 Das Erklärungspotential der Psychologie

Wenn wir nun auf den Begriff der Erklärung zurückkommen, der schließlich der Anlass war, weshalb wir uns so ausführlich mit der Wirklichkeit des Psychischen beschäftigt haben, ist nicht zu sehen, wie die Psychologie in der Lage wäre, Erklärungen auf der Ebene *kausaler Mechanismen* zu liefern. Das ist kein Verdikt über eine insgesamt noch junge Disziplin, sondern eine Beurteilung des Entwicklungsstandes der wissenschaftlichen Psychologie. Wenn psychologische Erklärungen, um gültige Kausalerklärungen zu sein, Mechanismen benennen müssen, die Psychisches *hervorbringen*, dann ist die Psychologie erst ansatzweise in der Lage, psychische Phänomene zu erklären (Hillner, 1985, S. 359 f.). Das heißt nicht, dass sie keine Erklärungen liefern kann, jedoch müssen die Ansprüche, die wir an eine psychologische Erklärung stellen, bescheidener sein.

Auf ganz andere Art kann uns damit nochmals verständlich werden, weshalb dem Maschinenmodell in der Psychologie eine so große Bedeutung zukommt (vgl. Kapitel 6.2). Denn wer begriffen hat, wie eine Maschine funktioniert, hat auch das Ziel der Kausalerklärung erreicht. Die Begründung liefert Dewey (2001): „Eine Maschine ist ein schlagendes Beispiel für einen Mechanismus" (S. 247). Die Maschine, die wir herzustellen vermögen, ist gleichsam die Garantie auf unsere Erklärungskompetenz. Kein Wunder, dass Neisser (1974) den Psychologen, der die menschliche Kognition verstehen will, mit jemandem vergleicht, „der entdecken will, wie ein Computer programmiert ist" (S. 22). Und auch kein Wunder, dass Anderson (2007) den Kognitionspsychologen mit einem Tüftler vergleicht, „der wissen will, wie eine Uhr funktioniert" (S. 1). Das Maschinenmodell hat nicht nur die Funktion, den psychologischen Gegenstand zu *konstituieren*; es soll auch die Erwartung wecken, dass den hohen Ansprüchen an eine wissenschaftliche *Erklärung* entsprochen wird. Ein Modell ist aber kein Beweis, weshalb darauf zu achten ist, ob mit der Rede von Mechanismen, Antrieben, Kräften, Automatismen, Rückkopplungen, Programmen und anderen Lehnwörtern aus der Technik tatsächlich etwas Psychologisches gemeint ist, oder ob es sich nur um eine *façon de parler* handelt.

📖 Weiterführende Literatur

Dörner, D. (1999). *Bauplan für eine Seele*. Reinbek: Rowohlt.
Hölscher, S. (1997). Monismus und Dualismus in der Psychologie. Zur Verschränktheit von ontologischen und methodologischen Problem-(Lösungs-)Perspektiven. In N. Groeben (Hrsg.), *Zur Programmatik einer sozialwissenschaftlichen Psychologie, Bd. I/1* (S. 27–138). Münster: Aschendorff.
Ravenscroft, I. (2008). *Philosophie des Geistes. Eine Einführung.* Stuttgart: Reclam.

9 Strategien der Begriffsbildung

Als Wissenschaft, deren Gegenstand weder auf unmittelbares Erleben noch auf direkt beobachtbares Verhalten reduziert werden kann und der auch hirnphysiologisch unzureichend erfasst würde, ist die Psychologie auf eine Begrifflichkeit angewiesen, die auf einer theoretischen Ebene liegt. Das hat das vorangehende Kapitel deutlich gezeigt. Für die Herleitung dieser Begrifflichkeit spielen Modelle, insbesondere das Modell der Maschine, eine wichtige Rolle (vgl. Kapitel 6.1). Doch weshalb soll sich eine Maschine zur Modellierung des Psychischen überhaupt eignen? Im Alltag gehen wir nicht davon aus, dass Menschen wie Maschinen sind; vielmehr betrachtet die Alltagspsychologie den Menschen als Person (vgl. Kapitel 1.1). Weshalb soll es dann in der wissenschaftlichen Psychologie anders sein?

Wir wollen uns in diesem abschließenden Kapitel mit der Herkunft psychologischer Begriffe befassen. Das ist einerseits eine deskriptive Problemstellung, denn es geht darum, wo die Psychologie ihre Begrifflichkeit faktisch hernimmt. Es ist aber auch eine normative Problemstellung, die sich für die Legitimität der psychologischen Grundbegriffe interessiert. Ist es gerechtfertigt, den Menschen zum Zweck der Modellierung des Psychischen als Maschine zu betrachten? Müssen wir ihn nicht aus ethischen Gründen als Person anerkennen? Solche Fragen werden in der Psychologie selten gestellt. Deshalb bleibt meist unerkannt, dass es verschiedene Strategien zur Herleitung psychologischer Begriffe gibt.

Wir wollen uns mit drei solcher Strategien befassen: der physikalischen, der funktionalen und der intentionalen Strategie. Um zu dieser Dreiheit der Strategien hinzuführen, stellen wir zunächst die physikalische Strategie vor, die in der Geschichte der Psychologie die wichtigste Rolle spielt (9.1). Eine Alternative bildet die funktionale Strategie, deren Wurzeln in der Biologie liegen (9.2). Nach einem Überblick über die drei Strategien (9.3), stellt sich die Frage, ob nicht auch in der Alltagspsychologie eine Strategie zur Herleitung psychologischer Grundbegriffe liegt (9.4). Abschließend diskutieren wir, welches die richtige Strategie sein könnte (9.5).

9.1 Die physikalische Strategie

Wo die Frage, wie die Psychologie zu ihren Grundbegriffen findet, überhaupt diskutiert wird, dominiert das Vorbild der Physik. Wir haben dies beim Logischen Empirismus gesehen, der glaubt, die Psychologie in der Sprache des Physikalismus begründen zu können (vgl. Kapitel 4.1.1). Wir haben es beim Behaviorismus gesehen, der für sich in Anspruch nimmt, die Psychologie als strenge Naturwissenschaft zu betreiben und keine Tatsache anzuerkennen, die nicht physikalischer Art ist (vgl. Kapitel 4.2 und 7.1). Aber auch andere Psychologen vertreten die Meinung, dass sich die Disziplin möglichst nahe an der Physik anzulehnen hat, um sich als Wissenschaft zu begründen. So liest man bei Boring (1963): „Historically science is physical science. Psychology, if it is to be a science, must be like physics" (S. 6).

Dies wurde 1933 geschrieben, kurz nachdem Kurt Lewin (1890–1947) in der *Erkenntnis* (der Zeitschrift des *Wiener Kreises*) monierte, die Psychologie befinde sich in einer Entwicklungsphase, die man als *aristotelisch* bezeichnen müsse, während es darum ginge, endlich auch in der Psychologie eine *galileische* Denkweise durchzusetzen. Das aristotelische Denken zeige sich daran, dass die psychologischen Begriffe phänomenorientiert seien, d.h. „eine unmittelbare Beziehung zu den historisch-geographischen Bestimmungen der Wirklichkeit" (Lewin, 1930/31, S. 428) aufweisen. Vergleichbar dem Denken der Kinder sei es der Psychologie noch nicht gelungen, den Schritt zur Abstraktion vom unmittelbar Gegebenen zu machen.

Die Physik von Galilei stellt gegenüber der Physik von Aristoteles deshalb einen Fortschritt dar, weil sie gemäß Lewin (1930/31) die phänomenale Vielfalt der Wirklichkeit durch begriffliche Reduktion *homogenisiert,* was es ermöglicht, höchst divergente Phänomene unter ein und dasselbe Gesetz zu subsumieren. Wolle sie endlich zur Wissenschaft werden, habe auch die Psychologie diesen Weg zu gehen und eine Begrifflichkeit zu entwickeln, die reduktiv ist. Lewin fordert die Disziplin auf, sich vom Aristotelismus zu emanzipieren und „den Übergang von der aristotelischen zur galileischen Begriffsbildung" (S. 445) zu vollziehen.

Ob Lewins Mahnworte notwendig waren, ist allerdings fraglich. Denn zumindest die Gestaltpsychologie, der er zuzurechnen ist, leistete von Anfang an einen wesentlichen Beitrag zur Verbreitung der galileischen Denkweise in der Psychologie. Die Gesetze, die sie aufstellte, schienen ihr nicht nur in der Wahrnehmung, sondern auch in anderen Bereichen der Psychologie Gültigkeit zu haben. Auf die Frage, welchen Umfang der Gestaltbegriff habe, meinte Katz (1944): „Faktisch gibt es in der allgemeinen Psychologie kein Gebiet, das nach

Ansicht der Gestaltpsychologen diesem Begriff nicht unterstellt wäre" (S. 45). Auch wenn er einräumt, dass dieser Anspruch etwas weit geht, zeigen die weiteren Ausführungen von Katz, dass der Gestaltbegriff in Wahrheit einen noch viel größeren Umfang hat, reicht er doch „weit über das psychologische Gebiet hinaus" (S. 64) und „umfasst auch die Physik und die Physiologie".

Aber nicht nur in der Gestaltpsychologie, auch in der Psychoanalyse und im Behaviorismus war eine homogenisierende Begriffsbildung von Anfang an dominierend. In der Psychoanalyse mit dem Begriff der *Libido*, einer psychischen Energie, die fast beliebig transferiert und transformiert (sublimiert oder neutralisiert) werden kann (Herzog, 1991, S. 109 ff.). Im Behaviorismus mit den *Lerngesetzen*, die im Anspruch, für *jedes* Verhalten und *jedes* Lebewesen Gültigkeit zu haben, kaum zu überbieten sind. Zur Illustration sei auf eine Bemerkung von Edward Thorndike (1874–1949) verwiesen, der zu seinen beiden wichtigsten Lerngesetzen – das Gesetz des Übens *(law of exercise)* und das Effektgesetz *(law of effect)* – schreibt: „Formally the crab, fish, turtle, dog, cat, monkey and baby have very similar intellects and characters. All are systems of connections subject to change by the law of exercise and effect" (Thorndike, 1970, S. 280). Das homogenisierende Denken zeigt sich auch an Buchtiteln wie Skinners (1966) *The Behavior of Organisms* oder Hulls (1943) *Principles of Behavior*, die weder einen Unterschied zwischen Mensch und Tier machen noch zwischen Verhaltensweisen unterscheiden. Hull legitimiert den Titel für sein Buch ausdrücklich mit dem Hinweis, „that all behavior, individual and social, moral and immoral, normal and psychopathic, is generated from the same primary laws" (S. V). Lebewesen bilden eine allgemeine Kategorie von lernenden Systemen, für die Gesetze mit universeller Anwendbarkeit gelten. Heute ist diese Logik in der Kognitionspsychologie am Werk. Durch Reduktion der Unterschiede zwischen den Lebewesen, ja selbst zwischen Lebewesen und Maschine, wird der psychologische Gegenstand homogenisiert. Der Mensch wird zum auswechselbaren Exemplar einer allgemeinen Kategorie informationsverarbeitender Systeme.

Eine Psychologie, die der physikalischen Strategie der Begriffsbildung folgt, weiß nicht wirklich, welches die relevanten Einheiten der psychologischen Analyse sind. Das haben wir am Beispiel der behavioristischen Begrifflichkeit bereits dargelegt (vgl. Kapitel 7.1). Die unbelebte Natur ist von den besonderen Merkmalen des Psychischen zu weit weg, als dass die Psychologie den Vorgaben der Physik ohne weiteres folgen könnte. Aber was ist die Alternative?

9.2 Die funktionale Strategie

Als Alternative zur Physik bietet sich die Biologie an. Hat der Mensch nicht eine evolutionäre Vergangenheit, der sich weit besser entnehmen lassen müsste, worauf es bei einer psychologischen Analyse ankommt? Diesen Gedanken hat eine Richtung der Psychologie aufgegriffen, welche der funktionalen Strategie der Begriffsbildung gleichsam *avant la lettre* gefolgt ist, nämlich der Funktionalismus von James Angell (1869–1949), John Dewey (1859–1952) und George Herbert Mead (1863–1931). Darauf können wir hier aber nicht näher eingehen, und sei es nur, weil der Funktionalismus eine vergleichsweise kurze Episode in der Geschichte der Psychologie darstellt, die vom Behaviorismus abrupt beendet wurde (Bruder, 1982). Stattdessen wollen wir uns mit der funktionalen Strategie befassen, so wie sie heute von der Evolutionären Psychologie vertreten wird (Workman & Reader, 2004; Geary, 2005). Aber auch mit der Evolutionären Psychologie brauchen wir uns nicht im Detail auseinanderzusetzen. Es genügt, wenn wir uns einem ihrer wichtigsten Repräsentanten zuwenden, der das evolutionsbiologische Denken allerdings auf höchst eigenständige Weise in die Psychologie eingebracht hat: Norbert Bischof (*1930).

9.2.1 Zwei Wege der Naturwissenschaft

Bischof (1985, 2008) sieht in der Biologie einen Weg wissenschaftlichen Denkens, der sich vom Weg der Physik in wesentlicher Hinsicht unterscheidet. Beide Wege sind reduktiv, aber die Physik wählt ein Vorgehen, das man als *materielle Reduktion* bezeichnen kann, während die Biologie einem Ansatz folgt, der sich *genetische Reduktion* nennen lässt. Wo die Physik die phänomenale Vielfalt der Wirklichkeit gleichsam in der Horizontalen homogenisiert, indem sie die Strukturdifferenzen zwischen den Systemen einebnet, da homogenisiert die Biologie in der Vertikalen, indem sie nach der gemeinsamen Herkunft der Systeme fragt. Mit genetischer Reduktion ist also keine Reduktion auf die *Gene*, sondern eine Reduktion auf die *Genese* gemeint.

Was bei der materiellen Reduktion verlorengeht, nämlich die qualitative Verschiedenheit der Systeme, bleibt bei der genetischen Reduktion erhalten. Trotzdem ist das Vorgehen reduktiv, insofern die Vielfalt der Formen auf eine gemeinsame Funktion zurückbezogen wird, nämlich die Funktion der (biologischen) *Fitness*. In der Steigerung des Fortpflanzungserfolgs liegt das organisierende Prinzip der evolutionären Veränderung der Lebensformen (Bischof,

1985, S. 327 f.). Die Brücke zur Psychologie ergibt sich, wenn wir annehmen, dass auch das Psychische in diesem Sinn funktional ist. Bischof (2008) stellt die Sachlage so dar, dass die Frage nach der biologischen Funktion bei der psychologischen Ursachenforschung die Rolle einer heuristischen Leitidee spielt (S. 534). Wissen um die evolutionäre Ursache eines psychischen Merkmals sagt zwar nichts über den Mechanismus seiner Funktionsweise. Aber es reduziert die Beliebigkeit bei der Auswahl der Phänomene, die von der Psychologie sinnvollerweise erforscht werden.

Das Problem der Herleitung psychologischer Begriffe wird also dadurch gelöst, dass der Mensch in den Kontext der biologischen Evolution gestellt wird. Weder ist der Mensch das einzige Lebewesen, noch gehört er einer allgemeinen Kategorie lernender oder informationsverarbeitender Systeme an. Vielmehr steht er über phylogenetische Linien mit anderen Lebewesen in vielfältigen Beziehungen. Die Aufdeckung dieser Beziehungen lässt sich nutzen, um zentrale Grundbegriffe der Psychologie herzuleiten.

9.2.2 Das demiurgische Prinzip

Erstaunlicherweise führt die Befolgung der funktionalen Strategie nicht zur Ablehnung des Maschinenmodells als Mittel der psychologischen Gegenstandskonstituierung. Bischof (2008, S. 255) sieht die Technik sogar in größerer Nähe zur Biologie als zur Physik. Dies deshalb, weil Maschinen einen *Zweck* haben (der ihnen vom Menschen auferlegt wird), während die anorganische Materie ohne Zweck ist. Die Technik kann daher als Brücke zwischen Biologie und Psychologie dienen. Konkret heißt dies, dass die evolutionäre Betrachtungsweise die Frage stellen lässt, wie ein Organismus zu *bauen* wäre, damit er in seiner ökologischen Nische überleben kann. Die Frage geht nach den *Mechanismen*, die einem beobachtbaren Verhalten zugrunde liegen. Bischof (2008) spricht von einem demiurgischen Prinzip, das er wie folgt formuliert: „Wenn ich der Ingenieur wäre, der den Organismus konstruieren müsste, wie hätte ich das betreffende Problem dann mit den verfügbaren Mitteln gelöst?" (S. 275)

Dem Demiurgen wird die Aufgabe zugewiesen, das Psychische als Apparat zu konstruieren, wenn auch vorläufig nur auf dem Papier, d.h. in Form von Blockschaltbildern, die nach dem Prinzip des Regelkreises gezeichnet sind und das psychische Wirkungsgefüge, unabhängig von seiner materiellen Realisierung, veranschaulichen. Genau dies ist der Vorteil der genetischen Reduktion, die von der physikalischen Realisierung eines Systems absehen kann, damit aber auch unterschiedliche Realisierungsmöglichkeiten offen hält. Dies ist auch der Vorteil der funktionalistischen Betrachtung des Körper-Geist-Problems, eine Betrachtung, die das Psychische eine *funktionale Rolle* spielen lässt, ohne sagen zu müssen, wie der Rollenspieler physikalisch beschaffen ist (vgl. Kapitel 8.2.1).

9.3 Die Alltagspsychologie als Alternative?

Werfen wir nochmals einen Blick auf Lewin (1930/31), der die Psychologie auf die galileische Strategie der Begriffsbildung verpflichten wollte. Bischof (2008) betont, dass Lewin Recht hatte, was die Ablehnung der aristotelischen Denkweise anbelangt, aber nicht mit der Empfehlung, die Psychologie habe sich der modernen Physik anzuschließen. Lewin habe schlicht übersehen, "dass außer dem von Galilei beschrittenen noch ein zweiter Weg aus dem aristotelischen Denken herausführt" (S. 257), nämlich der Weg, den Darwin gewiesen hat. Während Lewin die Psychologie aufforderte, von Aristoteles zu Galilei fortzuschreiten, legt uns Bischof nahe, den Schritt von Aristoteles zu Darwin zu tun.

Aber weshalb muss Aristoteles überhaupt überwunden werden? Die Frage führt uns nochmals zur Alltagspsychologie, deren Verhältnis zur wissenschaftlichen Psychologie wir nun definitiv klären wollen.

9.3.1 Eine Bestätigung der Alltagspsychologie

Aristotelisch ist eine Denkweise, die das phänomenal Gegebene in seinen "historisch-geographischen Bestimmungen" (Lewin) naiv-realistisch hinnimmt, zumindest nicht danach fragt, was hinter den Kulissen der Alltagswirklichkeit liegt. Demgegenüber schieben sowohl die galileische Physik wie die darwinsche Biologie die Kulissen des alltäglichen Mediokosmos beiseite und versuchen, den Mikro- und den Makrokosmos zu erkunden.[36] Sie tun dies, indem sie über den Weg der materiellen oder genetischen Reduktion nach

---

[36] Die Unterscheidung von Mikro-, Medio- und Makrokosmos geht auf Adolf Portmann (1897–1982) zurück, der damit das Verhältnis von alltäglicher und wissenschaftlicher Erkenntnis illustriert. Während der Mediokosmos der "Erlebnis-Raum unserer ursprünglichen Weltsicht" (Portmann, 1973, S. 222) ist und unserer "eigentlichen Lebenssphäre" (Portmann, 1970, S. 8) entspricht, liegen Mikro- und Makrokosmos "jenseits der unbewaffneten Sinne" im mikroskopisch Kleinen (atomare und subatomare Wirklichkeit) und im makroskopisch Großen (Universum), wo wir nur dank der Wissenschaft hinfinden.

den Determinanten suchen, welche die phänomenale Vielfalt der Lebenswelt kausal erklären lassen. Das heißt für die Psychologie, orientiere sie sich nun an der Physik oder an der Biologie, um zu ihren Grundbegriffen zu finden, dass sie zur Alltagswirklichkeit auf Distanz geht. Das heißt auch, dass zwischen Alltagspsychologie und wissenschaftlicher Psychologie kein Kontinuum, sondern ein Bruch besteht, wie wir bereits dargelegt haben (vgl. Kapitel 1.2).

Aber müssen wir annehmen, dass der Aristotelismus der Alltagspsychologie falsch ist? Im Falle von Physik und Biologie mag uns einleuchten, dass es notwendig war, die aristotelische Denkweise zu überwinden, um zu den Erfolgen der modernen Naturwissenschaft zu gelangen. Aber im Falle der Psychologie? Gerade die Evolutionstheorie gibt der Alltagspsychologie eine neue Plausibilität. Wenn wir nämlich annehmen, dass schon unsere frühen Vorfahren über psychologisches Wissen verfügten und die Alltagspsychologie über Jahrtausende menschlicher Sozial- und Kulturgeschichte hinweg verfeinert wurde, liegt im psychologischen Alltagswissen ein Wissen, das nicht nur an die menschliche Lebensform bestens angepasst, sondern für die Bewältigung des alltäglichen Zusammenlebens von Menschen höchst funktional ist. In der pointierten Formulierung vom Searle (1993): „Da, wo es wirklich darauf ankommt, wo es um etwas geht, müssen Alltagstheorien im allgemeinen wahr sein – andernfalls wären wir nicht mehr am Leben" (S. 76f.). Auch wenn wir bestreiten, dass die Alltagspsychologie den Status einer Theorie hat (vgl. Kapitel 1.2), spricht vieles dafür, dass ihre Überwindung mittels einer wissenschaftlichen Psychologie alles andere als leicht zu bewerkstelligen wäre.

Damit wird die Klärung des Verhältnisses von Alltagspsychologie und wissenschaftlicher Psychologie umso dringlicher. Dazu nehmen wir die Hilfe von Daniel Dennett (*1942) in Anspruch, der die zwei Strategien der Begriffsbildung, die wir bisher diskutiert haben, um eine dritte erweitert, die er ausdrücklich der Alltagspsychologie zuordnet.

9.3.2 Die Alltagspsychologie als Modell

Wenn Dennett (1981) von Strategien spricht, meint er allerdings nicht Strategien der Begriffsbildung, sondern der Erklärung und Voraussage, wobei er auch den Begriff des Standpunktes *(stance)* verwendet.[37] Dabei unterscheidet er eine physikalische, eine funktionale und eine intentionale Strategie. Die

---

[37] Im Deutschen wird *stance* auch oft mit *Einstellung* übersetzt (z. B. bei Bieri, 1987).

physikalische Strategie entspricht dem Standpunkt der modernen Physik, die nach der materiellen Beschaffenheit eines Systems fragt. Sie zu befolgen ist aus Komplexitätsgründen oft nicht möglich, aber auch nicht notwendig. Meistens können wir nämlich davon absehen, wie ein System stofflich realisiert ist und sein Verhalten funktional erklären. Man erkennt den Zweck des Systems und weiß – wenigstens im Prinzip – um seine Funktionsweise. Das ist etwa bei einer Eieruhr der Fall, deren materielle Beschaffenheit wir nicht zu kennen brauchen, um sie zu bedienen.

Manchmal sind Systeme aber selbst für eine funktionale Betrachtung zu komplex. Das ist etwa beim Menschen, aber auch bei Tieren und selbst bei Pflanzen und gewissen technischen Geräten (wie dem Computer) der Fall. Dann nehmen wir den intentionalen Standpunkt ein und erklären, indem wir dem System innere Zustände (wie Bedürfnisse, Absichten, Überzeugungen etc.) zuschreiben. Das System verhält sich so und so, weil es ein *Ziel* anstrebt oder sich so und so verhalten *will*. Die intentionale Strategie nimmt Bezug auf mentale Zustände, die gleichsam über der physischen Ordnungs- und der funktionalen Organisationsebene des Systems liegen. Erklärt wird mit dem Schema der Alltagspsychologie, indem wir in Rechnung stellen, was das System *wünscht* und wovon es *überzeugt* ist.

Dennett (1981) nimmt an, dass wir im Umgang mit unseresgleichen normalerweise den intentionalen Standpunkt einnehmen. Der Bereich des Intentionalen ist die „Welt unseres gesunden Menschenverstandes" (S. 181). Dabei befolgen wir drei Prinzipien. *Erstens* schreiben wir einem Menschen die *Überzeugungen* zu, die er haben sollte, vorausgesetzt sein Verhalten stimmt mit dem überein, was wir von einem durchschnittlichen Menschen erwarten. *Zweitens* schreiben wir ihm die *Wünsche* zu, die er haben sollte, wiederum vorausgesetzt sein Verhalten entspricht dem, was wir von einem durchschnittlichen Menschen erwarten. *Drittens* betrachten wir den Menschen als *rationales Wesen*, d. h. wir nehmen an, dass er sich in Übereinstimmung mit dem verhält, was er wünscht und glaubt.

Bei allen drei Punkten handelt es sich um Idealisierungen, die wir nicht überprüfen, wenn wir im alltäglichen Kontext mit unseresgleichen interagieren (Bieri, 1987, S. 223 f.). Wäre es anders, ließe sich kaum erklären, weshalb wir so schnell bereit sind, auch Tiere, Pflanzen und Maschinen zu behandeln, *als ob* sie intentionale Systeme wären. Für die Alltagspsychologie heißt dies, dass wir sie definitiv *nicht* als Theorie verstehen können. Vielmehr entspricht sie einem *Modell*, auf das Theorien erst gebaut werden könnten. Das Modell basiert auf der Annahme, dass Menschen Personen sind, die rational handeln.

Diese Annahme bildet eine apriorische Grundlage des psychologischen Alltagswissens.[38]

Die Diskussion zusammenfassend, wollen wir den drei Strategien – über Dennett hinaus, aber kompatibel mit seinen Ausführungen – Namen zuordnen, nämlich der intentionalen Strategie *Aristoteles*, der physikalischen Strategie *Galilei* und der funktionalen Strategie *Darwin*. Interessant ist nun, welcher *ontologische Status* den drei Strategien zukommt. Dennett (1981) meint, die physikalische und die funktionale Strategie ließen eine *realistische*, die intentionale Strategie aber lediglich eine *instrumentalistische* Deutung zu.[39] Den intentionalen Standpunkt nehmen wir nicht ein, weil wir erkennen, dass ein System Intentionen *hat*, sondern weil das System zu komplex ist, als dass wir in physikalischer oder funktionaler Einstellung mit ihm umgehen könnten. Vor dieser Situation stehen wir im *Alltag* aber praktisch immer. Menschen sind zu komplex, als dass wir fähig wären, ihr Verhalten funktional oder physikalisch zu erklären. Folgen wir Bieri (1987), dann scheinen wir im Alltag gegenüber der physikalischen und der funktionalen Strategie sogar *immun* zu sein. „Wir mögen noch so viel über uns als biologische und informationsverarbeitende Systeme herausfinden: Es kann sich an keinem Punkt dieser Entwicklung herausstellen, dass wir *keine* intentionalen System sind" (S. 243 – Teil der Hervorhebung aufgehoben). Die intentionale Strategie ist in unserem Alltag schlicht unvermeidbar.

9.3.3 Friedliche Koexistenz?

Die Position von Dennett hat die irritierende Konsequenz, dass sie die Alltagspsychologie gleichzeitig als epistemische Fiktion und praktische Notwendigkeit ausweist. Auch wenn die Wissenschaft psychische Phänomene in physikalischer oder funktionaler Perspektive angeht, kann dies die Alltagspsychologie und ihren intentionalen Standpunkt nicht beeinträchtigen. Deren Verwurzelung in der Evolution der Lebewesen garantiert, dass die mentale Ausrüstung des Menschen den Bedingungen seiner Lebensführung angepasst ist.

---

[38] Argumente für die Interpretation der Alltagspsychologie als *Modell* finden sich auch bei Smedslund (2004), der den nicht-empirischen Charakter der Alltagspsychologie sehr deutlich herausstreicht.
[39] Zu den Begriffen Realismus und Instrumentalismus vgl. Kapitel 2.3.

Haben wir das Verhältnis von Alltagspsychologie und wissenschaftlicher Psychologie damit geklärt? Falls Dennett Recht hätte, wäre die Alltagspsychologie im instrumentalistischen Sinn zwar unvermeidlich, im realistischen Sinn aber schlicht falsch. Der Nutzen der intentionalen Strategie wäre begrenzt auf die Bedürfnisse des Alltags; zur Begründung einer wissenschaftlichen Begrifflichkeit wäre sie nicht geeignet. Daraus könnte zwar eine friedliche Koexistenz abgeleitet werden, denn Alltagspsychologie und wissenschaftliche Psychologie scheinen dermaßen verschieden voneinander zu sein, dass sie in wissenschaftstheoretischer Hinsicht nicht in Gefahr stehen, sich in die Quere zu kommen. Doch dies ist die Meinung von Dennett, die sich durchaus bestreiten lässt. Wir sind daher noch nicht ganz am Ende unserer Argumentation.

9.4 Die intentionale Strategie

Die Geschichte der wissenschaftlichen Psychologie wird begleitet von einem Krisendiskurs, der periodisch aufflammt und auf Defizite der Disziplin hinweist. Im Einzelnen sind die Krisendiagnosen vielfältig und brauchen uns hier nicht zu beschäftigen. Eine Standardkritik ist jedoch die ungenügende Alltagsrelevanz psychologischer Erkenntnisse. Der Psychologie wird vorgeworfen, den Menschen auf eine blutleere Norm-Versuchsperson zu reduzieren (Holzkamp, 1972, S. 52 ff.). Konträr zu Lewin und Bischof, die der Psychologie ein reduktives Vorgehen bei der Begründung ihrer Begriffe empfehlen, wird die Respektierung des unreduzierten Alltags eingeklagt, in dem sich „in letzter Instanz [...] die Bedeutung wissenschaftlicher Erkenntnisse zu erweisen hat" (Markard, 2009, S. 78). Die Psychologie soll nicht *Gesetzeswissenschaft*, sondern *Subjektwissenschaft* sein, wie sich Holzkamp (1983) ausdrückt. Als Subjektwissenschaft betrachtet sie den Menschen nicht von außen, sondern von innen, d. h. *„vom Standpunkt der betroffenen Subjekte"* (S. 305). Das erinnert an das Erklärungsschema der Alltagspsychologie. Erklärt wird nicht kausal, sondern *intentional*. Denn Subjekte handeln nicht, weil ihr Handeln durch Ereignisse verursacht wird, sondern weil sie für ihr Handeln Gründe haben.

In der Handlung sehen verschiedene Richtungen der Psychologie, die sich als Alternative zum psychologischen Mainstream verstehen, den Grundbegriff der Disziplin. Das gilt für die Humanistische Psychologie, die Existialistische Psychologie oder die Dialogische Psychologie ebenso wie für Ansätze, die sich weniger als Richtung oder Schule sehen, sondern die Psychologie zu begründen versuchen, indem sie sich auf Phänomenologie, Hermeneutik oder Sprachanalyse berufen oder sich als Kulturwissenschaft verstehen. Eine

Die intentionale Strategie

auch nur annähernd verlässliche Darstellung dieser Richtungen und Ansätze ist hier nicht möglich, jedoch lässt sich mit einiger Berechtigung sagen, dass deren gemeinsamer Nenner im Verständnis des Menschen als *Person* liegt. Die Psychologie wird als Wissenschaft begründet, ohne einer Reduktion der Disziplin auf Physik oder Biologie nachzuleben. Die Position von Dennett (1981), wonach der intentionale Standpunkt der Alltagspsychologie vorbehalten ist, wird entschieden zurückgewiesen.

Was sich hier bemerkbar macht, ist ein *aristotelischer* Anspruch, nämlich die Erwartung, dass sich die Psychologie mit den konkreten Umständen, unter denen Menschen ihr Leben führen, beschäftigt und sich nicht auf eine Forschung einlässt, deren Ergebnis Konditionalaussagen mit universeller Gültigkeit sind. Wenn Lewin (1930/31) der Psychologie nahe legte, den Schritt von Aristoteles zu Galilei zu machen, um zur Wissenschaft zu werden, und wenn ihr Bischof (2008) stattdessen empfiehlt, einen Schritt weiter zu gehen und auf Darwin Kurs zu nehmen, dann schlagen die verschiedenen Alternativpsychologien vor, bei Aristoteles zu *bleiben*. So heißt es in einer neueren Darstellung der Kulturpsychologie, deren Empirie schließe „an die alltagsweltliche Erfahrung und Wissensbildung an" (Boesch & Straub, 2007, S. 39) und trage damit zur „Rehabilitierung des aristotelischen Erfahrungsbegriffs" bei.

In der Tat zeigt gerade der Erfahrungsbegriff, dass wir es mit einem anderen Verständnis von Wissenschaft zu tun haben. Erfahrung im aristotelischen Sinn meint „das Vertrautsein mit ‚alltäglichen' Handlungs- und Sachzusammenhängen ohne Rekurs auf ein dazu unabhängig erworbenes theoretisches bzw. wissenschaftliches Wissen" (Mittelstraß, 1974, S. 69). Erfahrung im galileischen Sinn meint demgegenüber eine Erfahrung, die sich auf Herstellungshandlungen stützt, wie sie für die experimentelle Forschung charakteristisch sind (vgl. Kapitel 5.3). Hampe (2007) führt Galileis Erfahrungsbegriff auf Archimedes zurück und vergleicht dessen an der Herstellung technischer Geräte orientierten Erfahrungsbegriff ebenfalls mit demjenigen von Aristoteles: „Die Aristotelische Empirie ist eine kontemplative, in der die Natur scheinbar von außen betrachtet wird, ohne zur Sammlung von Erkenntnissen in ihren Lauf einzugreifen. Die Archimedische Empirie ist eine intervenierende, die technische Apparate konstruiert, um zu erkennen" (S., 155 f.).

Damit dürfte deutlich sein, dass die erwähnten Alternativpsychologien an Aristoteles anknüpfen und beide Wege modernen wissenschaftlichen Denkens, denjenigen Galileis *und* denjenigen Darwins, zurückweisen. Ihre Referenz ist weder der Mikro- noch der Makrokosmos, die von der galileischen und darwinschen Wissenschaft erkundet werden, sondern der Mediokosmos der Alltagswelt, in den die Menschen hineingeboren werden, in dem sie aufwachsen und mit dem sie auf untheoretische Weise vertraut sind. Sich am Alltag orientieren heißt die intentionale Strategie zur Herleitung psychologischer Begriffe nutzen. Die intentionale Strategie nutzen heißt, dass die Psychologie *in diesem Fall* nicht aus einem Bruch mit der Alltagspsychologie, sondern aus deren Erweiterung hervorgeht.

9.5 Welche Strategie ist die richtige?

Damit stehen wir vor drei Strategien zur Herleitung psychologischer Grundbegriffe: der aristotelischen, der galileischen und der darwinschen Strategie. Die Tatsache, dass sich in der Geschichte der Psychologie bisher keine Strategie durchgesetzt hat, zeigt nicht nur, dass die Psychologie einen schwierigen Gegenstand hat, sondern auch, dass keine der drei Strategien unbestritten ist. Zwar wird die Psychologie seit ihrer Gründung als Wissenschaft von der galileischen Strategie beherrscht, während sich in jüngster Zeit die darwinsche Strategie zunehmend Gehör zu verschaffen weiß, die aristotelische Strategie ist aber gleichwohl nie ganz von der Bildfläche verschwunden.

Welche Strategie ist die richtige? Für die physikalische und die biologische Strategie spricht, dass sie zwei maßgeblichen Naturwissenschaften zum Erfolg verholfen haben. Das allein kann jedoch kein Entscheidungskriterium sein, denn möglicherweise sind Eigenheiten der Gegenstände verantwortlich für den Erfolg der Strategien. Was wäre im Falle der Psychologie eine solche Eigenheit? Anders als Physik und Biologie, hat es die Psychologie mit einem Objekt zu tun, das zugleich auch *Subjekt* der Disziplin ist. Das wird nicht selten entsprechend vermerkt, so etwa von Bischof (2008), der die Psychologie von einem *anthropozentrischen Handicap* belastet sieht. Das Handicap meint genau dies, „dass [nämlich] in der Menschenforschung *Subjekt und Objekt zusammenfallen*" (S. 32).[40]

Aber muss die Entsprechung von Subjekt und Objekt ein Handicap sein? Bei Groeben und Scheele (1977) wird aus dem vermeintlichen Handicap ein Kriterium für die Wahl der begrifflichen Strategie. Weil Subjekt und Objekt in der Psychologie zusammenfallen, ist der Mensch als deren Gegenstand „analog zum Bild des Wissenschaftlers von sich selbst zu realisieren" (S. 22), nämlich als handelndes, rationales und reflexives Subjekt. In dem Maße wie sich der Wissenschaftler als Person und Akteur versteht, muss er auch seinem

---

[40] Erinnern wir uns an Hull, der seinen *robot approach* damit begründete, dass die Gefahr des Anthropomorphismus zu bannen sei (vgl. Kapitel 6.2).

Gegenstand personale Attribute zugestehen. Man kann nicht für sich selber den intentionalen Standpunkt in Anspruch machen und den Forschungsgegenstand auf das Niveau eines Automaten reduzieren.

Allerdings stellt sich die Frage, ob von einer wissenschaftlichen Psychologie damit nicht zu wenig verlangt wird. Wir haben diesen Einwand bereits bei unserer Auseinandersetzung mit der Begriffsanalyse vorgebracht. Diese fordert bekanntlich, dass die Sprache – gerade auch die Sprache der Psychologie – von ihrer uneigentlichen auf ihre eigentliche Verwendung zurückgeführt wird (vgl. Kapitel 2.2.1 und 6.1.1). Der *eigentliche* Sprachgebrauch ist aber der *außerwissenschaftliche*, wie die Kritik von Bennett und Hacker (2010a) an der Sprache der Neurowissenschaften anschaulich zeigt. Der mereologische Fehlschluss, von dem die Autoren sprechen (vgl. Kapitel 6.1.2), wird begangen, wenn psychologische Prädikate, „die notwendigerweise auf das ganze Lebewesen zutreffen, nicht auf Teile von ihm" (S. 93), entgegen dieser Regel verwendet werden – wenn also zum Beispiel nicht vom *Menschen* gesagt wird, er nehme wahr, sondern von seinem *Gehirn*.

Mag sein, dass die Psychologie ihre Begriffe nicht immer korrekt verwendet und Wittgenstein (2004b, S. 580) mit seiner Bemerkung, in der Psychologie herrsche *Begriffsverwirrung*, sogar Recht hat. Doch wenn die Methode der Begriffsanalyse darin besteht, dass die Wörter auf ihre *alltägliche* Verwendung zurückgeführt werden (S. 300), dann kommt dies einer unausgesprochenen Parteinahme für den intentionalen Standpunkt gleich. Das wird von Bennett und Hacker (2010b) indirekt bestätigt, wenn sie sich bei der Verteidigung ihrer Methode ausdrücklich auf Aristoteles berufen. Ihre Forderung, wonach psychologische Prädikate nur dem Lebewesen als ganzem zugesprochen werden dürfen, nennen sie das *Aristotelische Prinzip* (S. 187).

Dass mit einem Zurück zu Aristoteles für eine moderne Wissenschaft vielleicht zu wenig gewonnen wäre, lässt Ryle (1997) erahnen, der bei aller Kritik an der psychologischen Begrifflichkeit, die auch er übt, von der Psychologie fordert, dass sie hinter die Kulissen der Alltagswirklichkeit blickt. Was sich die Menschen selber erklären können, ist der wissenschaftlichen Analyse nicht wert. Aber es gibt eine Menge von Dingen, die sich die Menschen *nicht* selber erklären können. Beispiele sind nicht schwer aufzubringen: eine Wahrnehmungstäuschung, eine Gewalttat, eine Fehlleistung, eine Willensschwäche, ein Gedächtnisverlust, eine depressive Verstimmung, eine Lernblockade, eine Geistesstörung, eine irrationale Entscheidung, ein Albtraum, eine unterlassene Handlung, eine missratene Erziehung etc. Phänomene dieser Art wecken „echte psychologische Fragen" (S. 448) und sollten Gegenstand der Psychologie sein.

Ähnlich argumentiert Dennett (1981), der eine intentionale psychologische Theorie deshalb für leer hält, „weil sie Rationalität oder Intelligenz *voraussetzt* und nicht erklärt" (S. 174 – Hervorhebung W. H.). Rationalität steht für den intentionalen Standpunkt, womit uns Dennett zu verstehen gibt, dass die Psychologie eben diesen Standpunkt zu *erklären* hat, und zwar im Sinne einer *Kausalerklärung*. Das aber kann die Psychologie nur, wenn sie hinter die Kulissen der Alltagswirklichkeit schaut, wenn sie also den funktionalen oder den physikalischen Standpunkt zu Hilfe nimmt, um den intentionalen zu erklären.

Damit drehen wir uns im Kreis, was ein Zeichen dafür ist, dass wir es mit einem empirisch nicht entscheidbaren Problem zu tun haben. Eine Entscheidung für die eine oder die andere Strategie ist wissenschaftstheoretisch allein nicht zu leisten, sondern auf pragmatische Kriterien angewiesen. d. h. abhängig davon, was unser Ziel in der Wissenschaft ist. Damit sind normative Fragen tangiert, die zu klären uns die Wissenschaftstheorie zwar helfen kann, die zu beantworten aber uns überlassen ist. Insofern ist es müßig, darüber zu streiten, welche Strategie die richtige ist, auch wenn ich keinen Zweifel daran gelassen habe, dass mir die physikalische falsch zu sein scheint.

📖 Weiterführende Literatur

Bischof, N. (1992). Ordnung und Organisation als heuristische Prinzipien reduktiven Denkens. In H. Meier (Hrsg.), *Die Herausforderung der Evolutionsbiologie* (3. Aufl.; S. 79–127. München: Piper.

Erb, E. (1997). Gegenstands- und Problemkonstituierung: Subjekt-Modelle (in) der Psychologie. In N. Groeben (Hrsg.), *Zur Programmatik einer sozialwissenschaftlichen Psychologie, Bd. I/1* (S. 139–239). Münster: Aschendorff.

Jüttemann, G. (Hrsg.) (2004). *Psychologie als Humanwissenschaft. Ein Handbuch.* Göttingen: Vandenhoeck & Ruprecht.

Smedslund, J. (1991). The Pseudoempirical in Psychology and the Case for Psychologic. *Psychological Inquiry, 2,* 325–338. Mit anschließenden kritischen Kommentaren und einer Replik des Autors.

Literaturverzeichnis

Albert, H. (1977). *Kritische Vernunft und menschliche Praxis.* Stuttgart: Reclam.
Anderson, J. R. (2007). *Kognitive Psychologie* (6. Aufl.). Heidelberg: Spektrum Akademischer Verlag.
Aristoteles (1972). *Die Nikomachische Ethik.* München: Deutscher Taschenbuch Verlag.
Baernstein, H. D. & Hull, C. L. (1931). A Mechanical Model of the Conditioned Reflex. *Journal of General Psychology, 5,* 99–106.
Bartelborth, T. (2007). *Erklären.* Berlin: de Gruyter.
Baumann, P. (2002). *Erkenntnistheorie. Lehrbuch Philosophie.* Stuttgart: Metzler.
Baumeister, R. F., Smart, L. & Boden, J. M. (1996). Relation of Threatened Egotism to Violence and Aggression: The Dark Side of High Self-Esteem. *Psychological Review, 103,* 5–33.
Beckermann, A. (2008). *Analytische Einführung in die Philosophie des Geistes* (3. Aufl.). Berlin: de Gruyter.
Bennett, M. R. & Hacker, P. M. S. (2010a). *Die philosophischen Grundlagen der Neurowissenschaften.* Darmstadt: Wissenschaftliche Buchgesellschaft.
Bennett, M. & Hacker, P. (2010b). Die begrifflichen Voraussetzungen der kognitiven Neurowissenschaft. Eine Erwiderung auf unsere Kritiker. In M. Bennett, D. Dennett, P. Hacker & J. Searle, *Neurowissenschaft und Philosophie* (S. 179–234). Berlin: Suhrkamp.
Bieri, T. (1987). Intentionale Systeme. Überlegungen zu Daniel Dennetts Theorie des Geistes. In J. Brandtstädter (Hrsg.), *Struktur und Erfahrung in der psychologischen Forschung* (S. 208–252). Berlin: de Gruyter.
Bischof, N. (1985). *Das Rätsel Ödipus. Die biologischen Wurzeln des Urkonfliktes von Intimität und Autonomie.* München: Piper.
Bischof, N. (2008). *Psychologie. Ein Grundkurs für Anspruchsvolle.* Stuttgart: Kohlhammer.
Blumenberg, H. (1980). Das Fernrohr und die Ohnmacht der Wirklichkeit. In G. Galilei, *Sidereus Nuncius. Dialog über die Weltsysteme* (S. 7–75). Frankfurt a. M.: Suhrkamp.
Boden, M. A. (2006). *Mind as Machine. A History of Cognitive Science.* Oxford: Clarendon Press.
Boesch, E. E. & Straub, J. (2007). Kulturpsychologie – Prinzipien, Orientierungen, Konzeptionen. In G. Trommsdorff & H.-J. Kornadt (Hrsg.), *Theorien und Methoden der kulturvergleichenden Psychologie* (S. 25–95). Göttingen: Hogrefe.
Boring, E. G. (1923). Intelligence as the Tests Test It. *New Republic, 35 (June),* 35–37.

Boring, E. G. (1963). *The Physical Dimensions of Consciousnes* (Neuausgabe). New York: Dover.
Bruder, H.-J. (1982). *Psychologie ohne Bewusstsein. Die Geburt der behavioristischen Sozialtechnologie*. Frankfurt a. M.: Suhrkamp.
Bruner, J. (1986). *Actual Minds, Possible Worlds*. Cambridge: Harvard University Press.
Bruner, J. (1990). *Acts of Meaning*. Cambridge: Harvard University Press.
Bubner, R. (1986). Über Argumente in der Philosophie. In R. Bubner, K. Cramer & R. Wiehl (Hrsg.), *Argumentation in der Philosophie* (S. 34–54). Göttingen: Vandenhoeck & Ruprecht.
Carnap, R. (1931). Überwindung der Metaphysik durch logische Analyse der Sprache. *Erkenntnis*, 2, 219–241.
Carnap, R. (1932/33). Psychologie in physikalischer Sprache. *Erkenntnis*, 3, 107–142.
Carnap, R. (1986). *Einführung in die Philosophie der Naturwissenschaft*. Frankfurt a. M.: Ullstein.
Carnap, R. (2004). *Scheinprobleme in der Philosophie und andere metaphysikkritische Schriften*. Hamburg: Meiner.
Carrier, M. (2009). Wege der Wissenschaftsphilosophie im 20. Jahrhundert. In A. Bartels & M. Stöckler (Hrsg.), *Wissenschaftstheorie. Ein Studienbuch* (S. 15–44). Paderborn: Mentis.
Corballis, M. C. & Lea, S. E. G. (Eds.) (2000). *The Descent of Mind. Psychological Perspectives on Hominid Evolution*. Oxford: Oxford University Press.
Craig, E. (1987). *The Mind of God and the Works of Man*. Oxford: Clarendon Press.
Dennett, D. C. (1981). Intentionale Systeme. In P. Bieri (Hrsg.), *Analytische Philosophie des Geistes* (S. 162–183). Königstein/Ts: Hain.
Descartes, R. (1965). *Die Prinzipien der Philosophie*. Hamburg: Meiner.
Descartes, R. (1972). *Regeln zur Ausrichtung der Erkenntniskraft*. Hamburg: Meiner.
Descartes, R. (1976). *Meditationen über die Erste Philosophie*. Stuttgart: Reclam.
Dewey, J. (2001). *Die Suche nach Gewissheit. Eine Untersuchung des Verhältnisses von Erkenntnis und Handeln*. Frankfurt a. M.: Suhrkamp.
Dijksterhuis, E. J. (1956). *Die Mechanisierung des Weltbildes*. Berlin: Springer.
Draaisma, D. (1999). *Die Metaphernmaschine. Eine Geschichte des Gedächtnisses*. Darmstadt: Wissenschaftliche Buchgesellschaft.
Ebbinghaus, H. (1908). *Abriss der Psychologie*. Leipzig: Veit.
Ebbinghaus, H. (1984). Über erklärende und beschreibende Psychologie. In F. Rodi & H.-U. Lessing (Hrsg.), *Materialien zur Philosophie Wilhelm Diltheys* (S. 45–87). Frankfurt a. M.: Suhrkamp.
Epstein, S. (1979). Entwurf einer Integrativen Persönlichkeitstheorie. In S.-H. Filipp (Hrsg.), *Selbstkonzept-Forschung* (S. 15–45). Stuttgart: Klett-Cotta.
Ernst, G. (2007). *Einführung in die Erkenntnistheorie*. Darmstadt: Wissenschaftliche Buchgesellschaft.
Feyerabend, P. (2009). *Naturphilosophie*. Frankfurt a. M.: Suhrkamp.
Frank, P. (1988). *Das Kausalgesetz und seine Grenzen*. Frankfurt a. M.: Suhrkamp.

Literaturverzeichnis

Freud, S. (1975). Entwurf einer Psychologie. In *Aus den Anfängen der Psychoanalyse* (S. 297–384). Frankfurt a. M.: Fischer.
Freud, S. (1980). Das Unbewusste. In *Studienausgabe, Bd. III* (S. 119–173). Frankfurt a. M.: Fischer.
Freud, S. (1982). Die Frage der Laienanalyse. In *Studienausgabe, Ergänzungsband* (S. 271–349). Frankfurt a. M.: Fischer.
Freud, S. (1984). *„Selbstdarstellung". Schriften zur Geschichte der Psychoanalyse.* Frankfurt a. M.: Fischer.
Frisby, J. P. (1983). *Sehen. Optische Täuschungen, Gehirnfunktionen, Bildgedächtnis.* München: Moos.
Gadenne, V. (2004). *Philosophie der Psychologie.* Bern: Huber.
Geary, D. C. (2005). Folk Knowledge and Academic Learning. In B. J. Ellis & D. F. Bjorklund (Eds.), *Origins of the Social Mind. Evolutionary Psychology and Child Development* (S. 493–519). New York: Guilford.
Gerrig, R. J. & Zimbardo, P. G. (2008). *Psychologie* (18. Aufl.). München: Pearson.
Gettier, E. L. (1963). Is Justified True Belief Knowledge? *Analysis, 23,* 121–123.
Groeben, N. & Scheele, B. (1977). *Argumente für eine Psychologie des reflexiven Subjekts.* Darmstadt: Steinkopff.
Günther, G. (1991). *Idee und Grundriss einer nicht-Aristotelischen Logik* (3. Aufl.). Hamburg: Meiner.
Habermas, J. (1984). Wahrheitstheorien. In *Vorstudien und Ergänzungen zur Theorie des kommunikativen Handelns* (S. 127–183). Frankfurt a. M.: Suhrkamp.
Habermas, J. (2004). *Wahrheit und Rechtfertigung.* Frankfurt a. M.: Suhrkamp.
Hacking, I. (1996). *Einführung in die Philosophie der Naturwissenschaften.* Stuttgart: Reclam.
Hahn, H. (1930/31). Die Bedeutung der wissenschaftlichen Weltauffassung, insbesondere für Mathematik und Physik. *Erkenntnis, 1,* 96–105.
Hahn, H. (1988). *Empirismus, Logik, Mathematik.* Frankfurt a. M.: Suhrkamp.
Hampe, M. (2007). *Eine kleine Geschichte des Naturgesetzbegriffs.* Frankfurt a. M.: Suhrkamp.
Hartmann, D. (1998). *Philosophische Grundlagen der Psychologie.* Darmstadt: Wissenschaftliche Buchgesellschaft.
Heider, F. (1977). *Psychologie der interpersonalen Beziehungen.* Stuttgart: Klett.
Hempel, C. G. (1977). *Aspekte wissenschaftlicher Erklärung.* Berlin: de Gruyter.
Hempel, C. G. (1980). The Logical Analysis of Psychology. In N. Block (Eds.), *Readings in Philosophy of Psychology, Vol. 1* (S. 14–23). London: Methuen.
Herbart, J. F. (1964a). Über den Standpunkt der Beurteilung der Pestalozzischen Unterrichtsmethode. In *Sämtliche Werke, Bd. 1* (S. 301–309). Aalen: Scientia.
Herbart, J. F. (1964b). Über die Möglichkeit und Notwendigkeit, Mathematik auf Psychologie anzuwenden. In *Sämtliche Werke, Bd. 5* (S. 91–122). Aalen: Scientia.
Herbart, J. F. (1964c). Psychologie als Wissenschaft, neu gegründet auf Erfahrung, Metaphysik und Mathematik. Erster Teil. In *Sämtliche Werke, Bd. 5* (S. 177–402). Aalen: Scientia.

Herbart, J. F. (1969). Ein nachgelassenes Fragment. In F. Nicolin (Hrsg), *Pädagogik als Wissenschaft* (S. 4–5). Darmstadt: Wissenschaftliche Buchgesellschaft.

Herrmann, T. (1983). Nützliche Fiktionen. Anmerkungen zur Funktion kognitionspsychologischer Theoriebildungen. *Sprache & Kognition, 2,* 88–99.

Herzog, W. (1983). Plädoyer für Metaphern. Versuch, ein vergessenes pädagogisches Thema in Erinnerung zu rufen. *Vierteljahrsschrift für wissenschaftliche Pädagogik, 59,* 299–332.

Herzog, W. (1984). *Modell und Theorie in der Psychologie.* Göttingen: Hogrefe.

Herzog, W. (1991). *Das moralische Subjekt. Pädagogische Intuition und psychologische Theorie.* Bern: Huber.

Herzog, W. (2005). *Pädagogik und Psychologie. Eine Einführung.* Stuttgart: Kohlhammer.

Herzog, W. (2006). *Zeitgemäße Erziehung. Die Konstruktion pädagogischer Wirklichkeit.* Weilerswist: Velbrück.

Hillner, K. P. (1985). *Psychological Reality.* Amsterdam: North-Holland.

Hoffman, D. D. (2001). *Visuelle Intelligenz. Wie die Welt im Kopf entsteht.* Stuttgart: Klett-Cotta.

Holenstein, E. (1983). Zur Semantik der Funktionalanalyse. *Zeitschrift für allgemeine Wissenschaftstheorie, 14,* 292–319.

Holzkamp, K. (1972). *Kritische Psychologie.* Frankfurt a. M.: Fischer.

Holzkamp, K. (1983). *Grundlegung der Psychologie.* Frankfurt a. M.: Campus.

Hoyningen-Huene, P. (1998). *Formale Logik. Eine philosophische Einführung.* Stuttgart: Reclam.

Hübner, K. (1982). Die Einheit der Wissenschaft in neuer Sicht. In P. Good (Hrsg.), *Von der Verantwortung des Wissens. Positionen der neueren Philosophie der Wissenschaft* (S. 58–84). Frankfurt a. M.: Suhrkamp.

Hübner, K. (1986). *Kritik der wissenschaftlichen Vernunft* (3. Aufl.). Freiburg: Alber.

Hull, C. L. (1943). *Principles of Behavior. An Introduction to Behavior Theory.* New York: Appleton-Century-Crofts.

Hume, D. (1973). *Eine Untersuchung über den menschlichen Verstand.* Hamburg: Meiner.

Huxley, T. H. (1912). On the Hypothesis that Animals are Automata. In *Method and Results* (S. 199–249). London: Macmillan.

Kamlah, W. & Lorenzen, P. (1996). *Logische Propädeutik. Vorschule des vernünftigen Redens* (3. Aufl.). Stuttgart: Metzler.

Katz, D. (1944). *Gestaltpsychologie.* Basel: Schwabe.

Keil, G. (2000). *Handeln und Verursachen.* Frankfurt a. M.: Klostermann.

Kriz, J. (1973). *Statistik in den Sozialwissenschaften.* Reinbek: Rowohlt.

Kuhn, T. S. (1976). *Die Struktur wissenschaftlicher Revolutionen* (2. Aufl.). Frankfurt a. M.: Suhrkamp.

Kuhn, T. S. (1978). *Die Entstehung des Neuen. Studien zur Struktur der Wissenschaftsgeschichte.* Frankfurt a. M.: Suhrkamp.

Lange, F. A. (2003). *Geschichte des Materialismus und Kritik seiner Bedeutung in der Gegenwart, Bd. 2.* Waltrop: Manuscriptum.

Literaturverzeichnis

Laucken, U. (1974). *Naive Verhaltenstheorie.* Stuttgart: Klett.
Leahey, T. H. (1994). *A History of Modern Psychology.* Englewood Cliffs: Prentice-Hall.
Leibniz, G. W. (1975). *Monadologie.* Stuttgart: Reclam.
Lewin, K. (1930/31). Der Übergang von der aristotelischen zur galileischen Denkweise in Biologie und Psychologie. *Erkenntnis, 1,* 421–466.
Löffler, W. (2008). *Einführung in die Logik.* Stuttgart: Kohlhammer.
Luhmann, N. (1994). *Die Wissenschaft der Gesellschaft.* Frankfurt a. M.: Suhrkamp.
MacCorquodale, K. & Meehl, P. E. (1948). On a Distinction Between Hypothetical Constructs and Intervening Variables. *Psychological Review, 55,* 95–107.
Maderthaner, R. (2008). *Psychologie.* Wien: Facultas.
Mandler, G. & Kessen, W. (1959). *The Language of Psychology.* New York: John Wiley & Sons.
Markard, M. (2009). *Einführung in die Kritische Psychologie.* Hamburg: Argument Verlag.
Marx, M. H. (1951). Intervening Variable or Hypothetical Construct? *Psychological Review, 58,* 235–247.
Menzies, P. & Price, H. (1993). Causation as a Secondary Quality. *British Journal for the Philosophy of Science, 44,* 187–203.
Metzger, W. (1975a). *Gesetze des Sehens.* Frankfurt a. M.: Kramer.
Metzger, W. (1975b). *Psychologie. Die Entwicklung ihrer Grundannahmen seit der Einführung des Experiments* (5. Aufl.). Darmstadt: Steinkopff.
Miller, G. A. (1976). *The Psychology of Communication.* Harmondsworth: Penguin.
Miller, G. A., Galanter, E. & Pribram, K. H. (1973). *Strategien des Handelns. Pläne und Strukturen des Verhaltens.* Stuttgart: Klett.
Mischel, T. (1981). *Psychologische Erklärungen. Gesammelte Aufsätze.* Frankfurt a. M.: Suhrkamp.
Mittelstraß, J. (1974). *Die Möglichkeit von Wissenschaft.* Frankfurt a. M.: Suhrkamp.
Moessinger, P. (1987). Let's be as Precise as Possible: An Interview with Mario Bunge. *New Ideas in Psychology, 5,* 385–397.
Moser, S. (1984). Arbeit und Erkenntnis als Handlung. In H. Lenk (Hrsg.), *Handlungstheorien – interdisziplinär, Bd. 3/2* (S. 720–748). München: Fink.
Neisser, U. (1974). *Kognitive Psychologie.* Stuttgart: Klett.
Neurath, O. (1932/33). Protokollsätze. *Erkenntnis, 3,* 204–214.
Neurath, O. (1979). *Wissenschaftliche Weltauffassung, Sozialismus und Logischer Empirismus.* Frankfurt a. M.: Suhrkamp.
Neurath, O. (1992). Einheitswissenschaft und Psychologie. In J. Schulte & B. McGuinness (Hrsg.), *Einheitswissenschaft* (S. 24–56). Frankfurt a. M.: Suhrkamp.
Oppenheimer, J. R. (1987). Über Wissenschaft und Kultur. In H. Kreuzer (Hrsg.), *Die zwei Kulturen. Literarische und naturwissenschaftliche Intelligenz* (S. 153–165). München: Deutscher Taschenbuch Verlag.
Palermo, D. S. (1971). Is a Scientific Revolution Taking Place in Psychology? *Science Studies, 1,* 135–155.
Peirce, C. S. (1965). *Collected Papers of Charles Sanders Peirce, Vols. V & VI* (3. Aufl.). Cambridge: Harvard University Press.

Piaget, J. (1974). *Der Aufbau der Wirklichkeit beim Kinde*. Stuttgart: Klett.
Picht, G. (1974). Theorie und Meditation. *Merkur*, 27, 301–315.
Pongratz, L. J. (1967). *Problemgeschichte der Psychologie*. Bern: Francke.
Popper, K. R. (1969). *Conjectures and Refutations. The Growth of Scientific Knowledge*. London: Routledge & Kegan Paul.
Popper, K. R. (1974). *Objektive Erkenntnis. Ein evolutionärer Entwurf*. Hamburg: Hoffmann & Campe.
Popper, K. R. (1989). *Logik der Forschung* (9. Aufl.). Tübingen: Mohr.
Popper, K. R. (1994). *Ausgangspunkte. Meine intellektuelle Entwicklung*. Hamburg: Hoffmann & Campe.
Portmann, A. (1970). *Entlässt die Natur den Menschen? Gesammelte Aufsätze zur Biologie und Anthropologie*. München: Piper.
Portmann, A. (1973). *Vom Lebendigen. Versuche zu einer Wissenschaft vom Menschen*. Frankfurt a. M.: Suhrkamp.
Putnam, H. (1990). *Vernunft, Wahrheit und Geschichte*. Frankfurt a. M.: Suhrkamp.
Quine, W. V. O. (1963). *From a Logical Point of View*. New York: Harper & Row.
Quine, W. V. O. (1995). *Unterwegs zur Wahrheit. Konzise Einleitung in die theoretische Philosophie*. Paderborn: Schöningh.
Quine, W. V. O. (2007). *Wort und Gegenstand*. Stuttgart: Reclam.
Ratcliffe, M. (2007). *Rethinking Commonsense Psychology. A Critique of Folk Psychology, Theory of Mind and Simulation*. Houndmills: Palgrave Macmillan.
Ravenscroft, I. (2008). *Philosophie des Geistes. Eine Einführung*. Stuttgart: Reclam.
Rheinberger, H.-J. (2007). *Historische Epistemologie zur Einführung*. Hamburg: Junius.
Rorty, R. (1987). *Der Spiegel der Natur. Eine Kritik der Philosophie*. Frankfurt a. M.: Suhrkamp.
Ryle, G. (1997). *Der Begriff des Geistes*. Stuttgart: Reclam.
Schlick, M. (1930/31). Die Wende der Philosophie. *Erkenntnis*, 1, 4–11.
Schlick, M. (1934). Über das Fundament der Erkenntnis. *Erkenntnis*, 4, 79–99.
Schnädelbach, H. (2004). *Erkenntnistheorie zur Einführung* (2. Aufl.). Hamburg: Junius.
Schneider, N. (2006). *Erkenntnistheorie im 20. Jahrhundert. Klassische Positionen*. Stuttgart: Reclam.
Schülein, J. A. & Reitze, S. (2005). *Wissenschaftstheorie für Einsteiger* (2. Aufl.). Wien: Facultas.
Schütz, A. (1971). Über die mannigfaltigen Wirklichkeiten. In *Gesammelte Aufsätze, Bd. 1* (S. 237–298). Den Haag: Nijhoff.
Schütz, A. (1972). Das Problem der Rationalität in der sozialen Welt. In *Gesammelte Aufsätze, Bd. 2* (S. 22–50). Den Haag: Nijhoff.
Schulte J. & McGuinness, B. (Hrsg.) (1992). *Einheitswissenschaft*. Frankfurt a. M.: Suhrkamp.
Schurz, G. (2006). *Einführung in die Wissenschaftstheorie*. Darmstadt: Wissenschaftliche Buchgesellschaft.
Searle, J. R. (1993). *Die Wiederentdeckung des Geistes*. München: Artemis.

Literaturverzeichnis

Selg, H. & Dörner, D. (2005). Psychologie als Wissenschaft – Aufgaben und Ziele. In A. Schütz, H. Selg & S. Lautenbacher (Hrsg.), *Psychologie. Eine Einführung in ihre Grundlagen und Anwendungsfelder* (3. Aufl.; S. 22–39). Stuttgart: Kohlhammer.

Shadish, W. R., Cook, T. D. & Campbell, D. T. (2002). *Experimental and Quasi-Experimental Designs for Generalized Causal Inference.* Boston: Houghton Mifflin.

Skinner, B. F. (1966). *The Behavior of Organisms. An Experimental Analysis.* New York: Appleton-Century-Crofts.

Skinner, B. F. (1972). *Cumulative Record. A Selection of Papers* (3. Aufl.). New York: Appleton-Century-Crofts.

Skinner, B. F. (1974). *Die Funktion der Verstärkung in der Verhaltenswissenschaft.* München: Kindler.

Skinner, B. F. (1976). Reply by Professor Skinner. In M. H. Marx & F. E. Goodson (Hrsg.), *Theories in Contemporary Psychology* (S. 212–219). New York: Macmillan.

Skinner, B. F. (1985). Interview mit B. F. Skinner. In D. Cohen, *Psychologists on Psychology* (S. 262–290). London: Arc Paperbacks.

Skinner, B. F. (1989). The Origins of Cognitive Thought. *American Psychologist, 44,* 13–18.

Smedslund, J. (2004). *Dialogues About a New Psychology.* Chagrin Falls: Taos Institute Publications.

Smith, L. D. (1986). *Behaviorism and Logical Positivism. A Reassessment of the Alliance.* Stanford: Stanford University Press.

Stadler, F. (1997). *Studien zum Wiener Kreis. Ursprung, Entwicklung und Wirkung des Logischen Empirismus im Kontext.* Frankfurt a. M.: Suhrkamp.

Stegmüller, W. (1973). *Probleme und Resultate der Wissenschaftstheorie und Analytischen Philosophie, Bd. IV. Studienausgabe, Teil A.* Berlin: Springer.

Stern, W. (1920). *Die Intelligenz der Kinder und Jugendlichen und die Methoden ihrer Untersuchung.* Leipzig: Barth.

Taylor, C. (1975). *Erklärung und Interpretation in den Wissenschaften vom Menschen.* Frankfurt a. M.: Suhrkamp.

Thorndike, E. L. (1970). *Animal Intelligence. Experimental Studies.* Darien: Hafner.

Tolman, E. C. (1935). Psychology versus Immediate Experience. *Philosophy of Science, 2,* 356–380.

Tolman, E. C. (1967). *Purposive Behavior in Animals and Men.* New York: Appleton-Century-Crofts.

Toulmin, S. (1968). *Voraussicht und Verstehen. Ein Versuch über die Ziele der Wissenschaft.* Frankfurt a. M.: Suhrkamp.

Toulmin, S. (1985). *The Return to Cosmology. Postmodern Science and the Theology of Nature.* Berkeley: University of California Press.

Toulmin, S. & Leary, D. E. (1985). The Cult of Empiricism in Psychology, and Beyond. In S. Koch & D. E. Leary (Eds.), *A Century of Psychology as Science* (S. 594–617). New York: McGraw-Hill.

Traxel, W. (1964). *Einführung in die Methodik der Psychologie*. Bern: Huber.
Tugendhat, E. & Wolf, U. (1983). *Logisch-semantische Propädeutik*. Stuttgart: Reclam.
Uslar, D. von (1969). *Die Wirklichkeit des Psychischen*. Pfullingen: Neske.
Warren, N. (1971). Is a Scientific Revolution Taking Place in Psychology? Doubts and Reservations. *Science Studies, 1,* 407–413.
Watson, J. B. (1968). *Behaviorismus*. Köln: Kiepenheuer & Witsch.
Wegner, D. M. & Vallacher, R. R. (1977). *Implicit Psychology. An Introduction to Social Cognition*. NewYork: Oxford University Press.
Westermann, R. (2000). *Wissenschaftstheorie und Experimentalmethodik. Ein Lehrbuch zur Psychologischen Methodenlehre*. Göttingen: Hogrefe.
Westmeyer, H. (1973). *Kritik der psychologischen Unvernunft. Probleme der Psychologie als Wissenschaft*. Stuttgart: Kohlhammer.
Wilkes, K. V. (1991). The Relationship between Scientific Psychology and Common-Sense Psychology. *Synthese, 89,* 15–39.
Wittgenstein, L. (2006a). Tractatus logico-philosophicus. In *Werkausgabe, Bd. 1* (S. 7–85). Frankfurt a. M.: Suhrkamp.
Wittgenstein, L. (2006b). Philosophische Untersuchungen. In *Werkausgabe, Bd. 1* (S. 225–580). Frankfurt a. M.: Suhrkamp.
Workman, L. & Reader, W. (2004). *Evolutionary Psychology. An Introduction*. Cambridge: Cambridge University Press.
Wright, G. H. von (1974). *Erklären und Verstehen*. Frankfurt a. M.: Athenäum.
Wundt, W. (1883). Über psychologische Methoden. *Philosophische Studien, 1,* 1–38.
Wundt, W. (1908). *Logik der Geisteswissenschaften* (3. Aufl.). Stuttgart: Enke.
Wundt, W. (1911). *Kleine Schriften, Bd. 2*. Leipzig: Engelmann.
Wundt, W. (1914). *Grundriss der Psychologie* (12. Aufl.). Leipzig: Kröner.
Wundt, W. (1919). *Vorlesungen über die Menschen- und Tierseele* (6. Aufl.). Leipzig: Voss.

Stichwortverzeichnis

Abduktion 33
Absicht, absichtlich 11f., 62, 87, 132
Aktivität, aktiv 36, 77, 87, 107f., 121
Alltag, alltäglich 13ff., 18, 22, 26f., 31, 44, 85, 102, 104, 125, 130–137
Alltagspsychologie 11–16, 18f., 21f., 28, 85, 104f., 125, 130–136
Alltagssprache, alltagssprachlich 90, 96
Alltagswirklichkeit 130f., 137f.
Alltagswissen s. Wissen
Als-ob s. Metapher
Analytische Philosophie 25ff., 85
Analytische Wissenschaftstheorie 19, 25ff., 70, 73, 106, 111
Anschaulichkeit des Psychischen 18, 94, 112ff., 119
apriorische Voraussetzungen der Wissenschaft 75f., 79, 83f., 91, 93, 98, 105, 119, 133
Argumentation s. Vernunft, argumentative
Aristoteles, aristotelisch 11, 28, 36, 84f., 126, 130f., 133, 135ff.
Aussage 14, 16, 19f., 25f., 28f., 31ff., 36, 41, 44, 46–49, 52, 55ff., 59ff., 63f., 66f., 69, 75f., 80, 95, 99ff., 103, 108
– Gesetzesaussage 99, 101, 103
– Kausalaussage 107
– Konditionalaussage 101, 135

Basissätze 66, 75
Bedeutung 28–32, 38, 44, 48, 60, 63, 65, 85
– extensionale 30f., 38, 117, 121
– intensionale 30

Begriffe (s. auch Beobachtungsbegriffe) 16, 25, 28–32, 36ff., 44, 48, 57, 59, 62ff., 69, 74, 83–86, 89f., 97f., 112, 122f., 125, 134
– psychologische 63, 85, 89, 123, 125ff., 129, 136f.
– theoretische 36ff., 56, 63, 75, 111, 119ff.
Begriffsanalyse 29, 31, 42, 44, 85f., 137
Begriffsexplikation 29, 31
Behaviorismus 61ff., 83, 90, 92ff., 97f., 113f., 126ff.
belief-desire-Psychologie 13, 104
Beobachtung 13, 17, 20, 32f., 37f., 57, 59, 62, 64, 72, 75, 77, 86, 93, 98
Beobachtungsbegriffe 37f., 121
Beobachtungssätze 59, 66
Beschreibung 60, 88, 95–98, 101, 105, 109, 120
Bewusstsein 17, 22, 47, 55, 62, 86, 92, 94, 112, 116–119
Bewusstseinspsychologie 62, 113f.
Biologie, biologisch 9, 97, 118, 125, 128–131, 133, 135f.

Ceteris paribus 101
Computer als Modell 90, 93f., 122f.

Darwin, darwinsch 130, 133, 135f.
Deduktion 32f., 65, 80
Definition (s. auch Nominal- und Realdefinition) 21, 29ff., 47f., 71
– operationale 30f., 38, 48
demiurgisches Prinzip 129
deterministisch 102
Disposition 52, 102ff., 121

disziplinäre Matrix (s. auch Paradigma) 71, 84
Dualismus 17, 114 f.

Einheitswissenschaft 9, 59
Empirismus (s. auch Logischer Empirismus) 25, 43, 55 ff., 64
Epiphänomen, Epiphänomenalismus (s. auch Körper-Geist-Problem) 111, 113 f., 117
Epistemologie s. Erkenntnistheorie
Erfahrung 16, 27, 42 f., 56 f., 59, 65, 69, 72, 86, 108, 120, 135
– äußere 16
– innere (unmittelbare) 16, 18, 56, 112, 120
Erkenntnistheorie, erkenntnistheoretisch 17, 33, 42 f., 45 ff., 49, 52, 65, 72, 78 f.
Erkenntnistheorie, fundamentalistische s. Fundamentalismus
Erklärung 12, 16, 18, 33, 37, 41, 62, 74, 95–107, 109, 111, 113, 123, 131
– dispositionelle 102 ff.
– funktionale 105 f., 132
– intentionale 104 f., 134
– kausale 105, 109, 111 f., 114, 123, 131, 134, 138
– nomologische bzw. deduktiv-nomologische 99 f., 102, 104, 106 f., 111
– statistische 102
– teleologische 103 ff.
Erleben, Erlebnis 17 f., 21 f., 38, 50, 56, 58, 89, 92 ff., 113, 116, 122, 125
Evidenz 49 f., 55, 58, 61, 63, 90
Evolution, evolutionär 11 f., 128 f., 131, 133
Evolutionäre Psychologie 128
Experiment, experimentell 17, 36, 76–79, 107, 109, 120, 135
Extension (eines Begriffs) s. Bedeutung, extensionale

Falsifikation 65 f., 78
Fiktion, fiktional 38, 93, 119–123, 133
Formalwissenschaft 37
Fundament der Erkenntnis 43, 59, 70
Fundamentalismus, fundamentalistisch 43, 59, 61, 72
Funktion, funktional (s. auch Erklärung, funktionale) 25 f., 62, 71, 73, 76, 92, 100, 105 f., 117, 125, 128–133, 138
Funktionalismus 117 f., 122, 128, 130

Galilei, galileisch 74, 126, 130, 133, 135 f.
Ganzheit, ganzheitlich s. Holismus
Gehirn 21 f., 89 f., 92, 112 f., 116 ff., 122, 137
Geist, geistig (s. auch mental) 17, 20, 22, 34 f., 47, 50, 60, 85 f., 90–94, 104 f., 111 f., 114 ff., 118, 132
Gemeinschaft, wissenschaftliche 61, 67, 70, 73, 81, 83
Geschichte der Psychologie 9, 11, 16 f., 83, 94, 119, 125, 128, 134, 136
Gesetze 21, 28, 33, 76, 87 f., 95 f., 99 ff., 103 f., 113, 126 f., 134
– deterministische 102
– statistische 101 f.
Gestaltpsychologie 83, 87 f., 113 f., 126 f.
Gottesstandpunkt 37, 52, 59, 72
Gründe 11, 21, 32, 45, 80, 104, 118, 122, 125, 134
Grundbegriffe, psychologische 98, 125 f., 129, 131

Handlung 11 f., 22, 31, 104, 108, 122, 134 f., 137
Hempel-Oppenheim-Schema s. Erklärung, nomologische
Holismus, holistisch 69, 72 f., 75, 106
hypothetisch 90, 108, 112, 119 ff.

Stichwortverzeichnis

Ideale der Naturordnung 74f., 84
Idealismus 115
Identitätstheorie (s. auch Körper-Geist-Problem) 114, 116f.
Induktion, induktiv 20, 32–36, 64f., 70, 75, 102
Instrumentalismus, instrumentalistisch 38, 119, 123, 133f.
Intelligenz 29f., 102, 138
Intelligenz, visuelle 87–90
Intension (eines Begriffs) s. Bedeutung, intensionale
Introspektion 17, 50, 62, 85f., 93, 122
Isomorphismus (s. auch Körper-Geist-Problem) 113

Kategorienverwechslung 50, 85f.
Kausalität (s. auch Mechanismen der Kausalität) 20, 95f., 100, 103–109, 111–114, 117f., 122, 131, 134
– psychische 111ff.
Körper-Geist-Problem 60, 115f., 118, 130
Kognitionspsychologie, kognitive Psychologie 90, 93f., 122, 127
kognitive Wende 83f., 121f.
Kommunikation als Bedingung der Erkenntnis 52, 67, 73, 76
kontemplativ s. passiv
Konvention 29f., 66, 87
Kritischer Rationalismus 43, 55, 64–67, 69f., 76, 79f., 111

Lebenswelt s. Alltag
Leib-Seele-Problem s. Körper-Geist-Problem
linguistic turn 26, 28, 42, 46, 55, 73
linguistische Wende der Philosophie s. *linguistic turn*
Logik, logisch 14f., 25–28, 31–37, 41, 43, 48f., 52, 55ff., 64ff., 70, 73, 75ff., 79f., 86, 90f., 99, 102, 106f., 111

Logischer Empirismus 26f., 55ff., 59–67, 69f., 76, 96, 101, 103, 107, 111, 126

Maschine 90–94, 123, 125, 127, 129, 132
Maschinenmodell s. Maschine
Materialismus, materialistisch 20, 111, 114ff.
Mechanismen der Kausalität 109, 123
Mechanismus 85, 91f., 94, 97, 109, 111, 117, 121ff., 129
mental (s. auch Geist, geistig) 60, 93f., 105, 112, 115f., 118, 132f.
mereologischer Fehlschluss 89, 137
Metapher, Metaphorik, metaphorisch 36, 59, 64, 71, 74, 83–86, 88f., 91ff., 122
Metaphysik, metaphysisch 20ff., 26f., 34f., 42, 85, 107
Modell 52, 71, 83f., 86, 91–94, 96, 123, 125, 131ff.
Monismus 115

Naturalismus 115
Naturgesetze s. Gesetze
Naturwissenschaft, naturwissenschaftlich 16, 62, 77f., 85, 92, 120, 126, 128, 131, 136
Neurophysiologie, neurophysiologisch 90, 119, 121f.
Neurowissenschaften 89, 137
Nominaldefinition 29f.

Ontologie, ontologisch 28, 34f., 42, 48f., 52, 71, 75, 77, 84, 90, 107, 111, 113–116, 133
ontologische Verpflichtung 118f.

Paradigma (s. auch disziplinäre Matrix) 71f., 74, 83f., 94
Parallelismus (s. auch Körper-Geist-Problem) 113ff.

passiv 36f., 77, 107, 135
Person 12, 22, 44f., 88f., 102, 104, 125, 132, 135f.
Phänomenalismus 57f., 63
Physik, physikalisch 9, 37, 59f., 62, 83, 85, 92, 96ff., 112, 114f., 117f., 120, 125–133, 135f., 138
Physikalismus 57, 59f., 62f., 98, 115, 118, 126
Positivismus, positivistisch 38, 56f., 64f., 119ff.
Pragmatik, pragmatisch 14, 30, 73f., 138
Protokollsätze, -sprache 59, 61, 63, 66, 75
Psychisches 17f., 21f., 35, 46, 50, 60f., 85, 91–94, 109, 111–116, 118–121, 123, 125, 127, 129f.
Psychoanalyse 83, 121f., 127
psychophysisches Niveau 113, 119

Qualia-Bewusstsein s. Bewusstsein

Rationalismus (s. auch Kritischer Rationalismus) 49, 55, 57
raum-zeitlich s. Zeit, zeitlich
Realdefinition 29ff.
Realismus, realistisch 38, 119, 123, 130, 133f.
Realwissenschaft 37, 41, 56, 64, 69, 95
Rechtfertigung 44f., 76, 79f.
Referenz s. Bedeutung, extensionale
Relativismus 76, 79

Sachverhalt 31, 42, 46, 52, 55, 57, 85, 99, 107
Schließen, logisches 32ff., 37, 84
scientific community s. Gemeinschaft, wissenschaftliche
Seele 20f., 35
Selbstbeobachtung s. Introspektion
Semantik, semantisch 28, 30, 74

Sinnkriterium 57, 59
sprachkritische Wende der Philosophie s. *linguistic turn*
Supervenienz 118
Syntax, syntaktisch 28, 30, 74

Tatsache 19f., 28, 31f., 34, 41f., 46f., 49f., 55, 66, 72, 74, 95, 126
Tatsachenwahrheit 41ff.
Tautologie, tautologisch 27, 34, 57, 98
Theologie, theologisch 37, 51
Theorie, theoretisch (s. auch Erkenntnis-, Wahrheits-, Wissenschaftstheorie) 12–16, 28, 33, 36ff., 41, 47, 56, 63–66, 69f., 72–79, 83f., 89, 92, 94f., 99–102, 111, 119–123, 125, 131f., 135, 138

Überzeugung 12f., 16, 21, 26, 35, 44f., 51, 71, 74, 80f., 84, 91f., 104, 114, 120, 132
unbewusst 14, 35, 46, 86, 89, 120, 122
universell 28, 33, 100f., 127, 135
Ursache 11, 95, 103f., 106–109, 111f., 129
Urteil s. Aussage

Verhalten 11f., 16, 21f., 33, 60f., 86, 90, 92f., 95, 97ff., 103–106, 112, 114, 120, 122, 125, 127, 129, 132f.
Verifikation, Verifikationsprinzip 56f., 59, 61, 65
Vernunft 43, 49, 73, 81
– argumentative 73, 79ff.
– dialogische 76
– monologische 76, 79
Vernunftwahrheit 41
Vorhersage 95

Wahrheit 27, 31f., 41–53, 55–58, 60f., 65, 69f., 73, 79f., 84, 108, 127, 131

Stichwortverzeichnis

Wahrheitstheorien 43, 48, 51 f., 55, 95
- Erfolgstheorie 50 f.
- Evidenztheorie 49 f.
- Kohärenztheorie 48
- Konsenstheorie 48 f.
- Korrespondenztheorie 47 f.
- Redundanztheorie 51
- Zitattilgungstheorie 46 f.

Wahrnehmung 17 f., 50, 52, 57, 62, 64, 66 f., 86–90, 94, 107, 126, 137

Wahrnehmungspsychologie 86, 89, 100

Wiener Kreis 25, 56–59, 62 f., 69, 126

Wirklichkeit, wirklich 13, 18, 26, 31, 34–38, 43, 46 ff., 50, 55, 57, 61, 63 f., 66 f., 69 f., 70, 72, 74–79, 84–87, 89, 95, 107 ff., 111–116, 119, 122 f.

Wissen 11, 14 ff., 33 f., 37, 41–52, 55, 64, 66, 69, 71, 77, 95 ff., 104, 131, 133, 135

Wissenschaft, wissenschaftlich 9, 11–16, 18–33, 25–29, 31, 35, 37 f., 41–44, 48, 55–59, 61–67, 69–81, 83–86, 90 f., 95 f., 99, 102, 105–108, 112, 114 f., 119 f., 122 f., 125 f., 130 f., 133–138

Wissenschaftstheorie 9 f., 19 f., 25–28, 33, 38, 42 f., 55, 61–65, 69 f., 73, 78 f., 83, 95, 101, 103, 111, 134, 138
- analytische s. Analytische Wissenschaftstheorie
- postempiristische 69 f., 73, 79, 108

Zeit, zeitlich 17, 28, 34 f., 52, 59, 66, 73, 75, 77, 96, 98, 100, 102

Zuschauer, Zuschauertheorie der Erkenntnis 37, 77 f., 107

Zweisprachentheorie (s. auch Körper-Geist-Problem) 116

Basiswissen Psychologie

Ulrich Ansorge / Helmut Leder
Wahrnehmung und Aufmerksamkeit
2011. 152 S. Br. EUR 14,95
ISBN 978-3-531-16704-6

Christian Bellebaum / Patrizia Thoma / Irene Daum
Neuropsychologie
2011. ca. 120 S. Br. ca. EUR 12,95
ISBN 978-3-531-16827-2

Reinhard Beyer / Rebekka Gerlach
Sprache und Denken
2011. ca. 181 S. Br. EUR 16,95
ISBN 978-3-531-17135-7

Hede Helfrich
Kulturvergleichende Psychologie
2011. ca. 120 S. Br. ca. EUR 14,95
ISBN 978-3-531-17162-3

Walter Herzog
Wissenschaftstheoretische Grundlagen der Psychologie
2011. ca. 120 S. Br. ca. EUR 14,95
ISBN 978-3-531-17213-2

Thomas Gruber
Gedächtnis
2011. 144 S. Br. EUR 14,95
ISBN 978-3-531-17110-4

Andrea Kiesel / Iring Koch
Lernen
Grundlagen der Lernpsychologie
2011. ca. 120 S. Br. ca. EUR 12,95
ISBN 978-3-531-17607-9

Bernd Marcus
Personalpsychologie
2011. 156 S. Br. EUR 12,95
ISBN 978-3-531-16723-7

Malte Mienert / Sabine Pitcher
Pädagogische Psychologie
Theorie und Praxis des Lebenslangen Lernens
2011. 150 S. Br. EUR 14,95
ISBN 978-3-531-16945-3

Klaus Rothermund / Andreas Eder
Motivation und Emotion
2011. ca. 216 S. Br. EUR 19,95
ISBN 978-3-531-16698-8

Erich Schröger
Biologische Psychologie
2011. 142 S. Br. EUR 12,95
ISBN 978-3-531-16706-0

Alexandra Sturm / Ilga Opterbeck / Jochen Gurt
Organisationspsychologie
2011. ca. 158 S. Br. EUR 14,95
ISBN 978-3-531-16725-1

Erhältlich im Buchhandel oder beim Verlag.
Änderungen vorbehalten. Stand: Juli 2011.

Einfach bestellen:
SpringerDE-service@springer.com
tel +49 (0)6221 / 345 – 4301
springer-vs.de

The manufacturer's authorised representative in the EU is Springer Nature Customer Service Centre GmbH, Europaplatz 3, 69115 Heidelberg, Germany. If you have any concerns regarding our products, please contact ProductSafety@springernature.com

Printed and bound by CPI Group (UK) Ltd, Croydon, CR0 4YY

23/03/2026

02076398-0004